RS Publishing
Gesetzestexte

Impressum

Ronny Studier
Daumstr. 89a
13599 Berlin
RS.Publishing@mail.de

Druck: epubli – ein Service der Neopubli GmbH, Berlin

Landesrecht
Mecklenburg-Vorpommern

Sicherheits- und Ordnungsgesetz

SOG M-V

Gesetz über die öffentliche Sicherheit und Ordnung in Mecklenburg-Vorpommern

2022

Gesetz über die öffentliche Sicherheit und Ordnung in Mecklenburg-Vorpommern (Sicherheits- und Ordnungsgesetz - SOG M-V)

Stand: letzte berücksichtigte Änderung: geändert durch Artikel 2 des Gesetzes vom 17. April 2021 (GVOBl. M-V S. 370, 372)

Abschnitt 1
Aufgaben und Zuständigkeit (§§ 1 - 11)

§ 1 Aufgaben

(1) Das Land, die Landkreise, die kreisfreien und die großen kreisangehörigen Städte, die Ämter und die amtsfreien Gemeinden haben die Aufgabe, von der Allgemeinheit oder dem Einzelnen Gefahren abzuwehren, durch die die öffentliche Sicherheit oder Ordnung bedroht wird (Gefahrenabwehr).

(2) Unbeschadet der Zuständigkeit der Polizei zur vorbeugenden Bekämpfung von Straftaten (§ 7 Absatz 1 Nummer 4) sollen staatliche und nichtstaatliche Träger öffentlicher Aufgaben im Rahmen ihres jeweiligen gesetzlichen Zuständigkeitsbereichs zusammenwirken und zur Vermeidung strafbarer Verhaltensweisen (Kriminalprävention) beitragen.

(3) Der Schutz privater Rechte gehört zur Gefahrenabwehr, wenn gerichtlicher Schutz nicht rechtzeitig zu erlangen ist und ohne die Hilfe die Gefahr besteht, dass die Verwirklichung des Rechts vereitelt oder wesentlich erschwert wird.

(4) Die Gefahrenabwehr wird von den Landkreisen, kreisfreien und großen kreisangehörigen Städten, Ämtern und amtsfreien Gemeinden als Landesaufgabe im übertragenen Wirkungskreis wahrgenommen.

§ 2 Ordnungsbehörden und Polizei

(1) Die Gefahrenabwehr obliegt den Ordnungsbehörden und der Polizei.

(2) Die Ordnungsbehörden und die Polizei haben ferner diejenigen Aufgaben zu erfüllen, die ihnen durch besondere Rechtsvorschriften übertragen sind. Soweit für die Durchführung dieser Aufgaben die besonderen Rechtsvorschriften nichts Abweichendes bestimmen, gelten die §§ 2

bis 78 nach Maßgabe der §§ 4 und 7.

§ 3 Begriffsbestimmungen

(1) Ordnungsbehörden sind:

1. die Ministerien im Rahmen ihres Geschäftsbereichs (Landesordnungsbehörden),
2. die Landräte für die Landkreise (Kreisordnungsbehörden),
3. die Oberbürgermeister beziehungsweise Bürgermeister für die kreisfreien und die großen kreisangehörigen Städte, die Amtsvorsteher für die Ämter, die Bürgermeister für die amtsfreien Gemeinden (örtliche Ordnungsbehörden),
4. die Landesbehörden, denen Aufgaben der Gefahrenabwehr durch besondere Rechtsvorschriften übertragen sind (Sonderordnungsbehörden).

Die Oberbürgermeister der kreisfreien Städte sind für das Gebiet ihrer Stadt zugleich Kreisordnungsbehörden.

(2) Polizei im Sinne dieses Gesetzes sind die Polizeivollzugsbeamtinnen und Polizeivollzugsbeamten sowie die Polizeibehörden des Landes.

(3) Im Sinne dieses Gesetzes ist

1. eine im einzelnen Falle bevorstehende Gefahr:

eine Sachlage, bei der bei ungehindertem Ablauf des objektiv zu erwartenden Geschehens ein die öffentliche Sicherheit oder Ordnung schädigendes Ereignis im konkreten Einzelfall in absehbarer Zeit mit hinreichender Wahrscheinlichkeit eintreten wird;

2. gegenwärtige Gefahr:

eine Sachlage, bei der das die öffentliche Sicherheit oder Ordnung schädigende Ereignis bereits eingetreten ist (Störung) oder unmittelbar oder in allernächster Zeit mit an Sicherheit grenzender Wahrscheinlichkeit bevorsteht;

3. erhebliche Gefahr:

eine Gefahr für ein bedeutsames Rechtsgut, wie Leib, Leben oder

Freiheit einer Person, wesentliche Sach- oder Vermögenswerte oder den Bestand des Staates.

(4) „Dritter“ ist

1. eine natürliche oder juristische Person, Behörde, Einrichtung oder andere Stelle, außer der betroffenen Person (Person, gegen die sich die Maßnahme gezielt richtet), der verantwortlichen Stelle (Absatz 5 Nummer 9), dem Auftragsverarbeiter (Absatz 5 Nummer 10) und den Personen, die unter der unmittelbaren Verantwortung der verantwortlichen Stelle oder des Auftragsverarbeiters befugt sind, die personenbezogenen Daten zu verarbeiten oder
2. eine natürliche oder juristische Person, Behörde, Einrichtung oder andere Stelle, außer der betroffenen Person.

(5) Im Sinne dieses Gesetzes

1. sind „personenbezogene Daten“ alle Informationen, die sich auf eine identifizierte oder identifizierbare natürliche Person (im Folgenden „betroffene Person“) beziehen; als identifizierbar wird eine natürliche Person angesehen, die direkt oder indirekt, insbesondere mittels Zuordnung zu einer Kennung wie einem Namen, zu einer Kennnummer, zu Standortdaten, zu einer Online-Kennung oder zu einem oder mehreren besonderen Merkmalen, die Ausdruck der physischen, physiologischen, genetischen, psychischen, wirtschaftlichen, kulturellen oder sozialen Identität dieser natürlichen Person sind, identifiziert werden kann.
2. sind „Grunddaten“ Daten, die zur Identifizierung einer Person dienen, wie insbesondere Name, Geschlecht, Geburtsdatum, Geburtsort, Staatsangehörigkeit, Anschrift.
3. sind „besondere Kategorien personenbezogener Daten“:
   a) Daten, aus denen die ethnische Herkunft, die politische Meinung oder die religiöse oder weltanschauliche Überzeugung oder die Gewerkschaftszugehörigkeit hervorgehen,
   b) genetische Daten,
   c) biometrische Daten; Lichtbilder jedoch nur, soweit sie mit speziellen technischen Verfahren verarbeitet werden sollen,

die die eindeutige Identifizierung oder Authentifizierung einer natürlichen Person ermöglichen,

d) Gesundheitsdaten,

e) Daten zum Sexualleben,

f) Daten der sexuellen Orientierung.

4. ist „Verarbeitung" jeder mit oder ohne Hilfe automatisierter Verfahren ausgeführte Vorgang oder jede solche Vorgangsreihe im Zusammenhang mit personenbezogenen Daten wie das Erheben, das Erfassen, die Organisation, das Ordnen, die Speicherung, die Anpassung oder Veränderung, das Auslesen, das Abfragen, die Verwendung, die Offenlegung durch Übermittlung, Verbreitung oder eine andere Form der Bereitstellung, der Abgleich oder die Verknüpfung, die Einschränkung, das Löschen oder die Vernichtung.

5. ist „Einschränkung der Verarbeitung" die Markierung gespeicherter personenbezogener Daten mit dem Ziel, ihre künftige Verarbeitung einzuschränken.

6. ist „Profiling" jede Art der automatisierten Verarbeitung personenbezogener Daten, die darin besteht, dass diese personenbezogenen Daten verwendet werden, um bestimmte persönliche Aspekte, die sich auf eine natürliche Person beziehen, zu bewerten, insbesondere um Aspekte bezüglich Arbeitsleistung, wirtschaftliche Lage, Gesundheit, persönliche Vorlieben, Interessen, Zuverlässigkeit, Verhalten, Aufenthaltsort oder Ortswechsel dieser natürlichen Person zu analysieren oder vorherzusagen.

7. ist „Pseudonymisierung" die Verarbeitung personenbezogener Daten in einer Weise, dass die personenbezogenen Daten ohne Hinzuziehung zusätzlicher Informationen nicht mehr einer spezifischen betroffenen Person zugeordnet werden können, sofern diese zusätzlichen Informationen gesondert aufbewahrt werden und technischen und organisatorischen Maßnahmen unterliegen, die gewährleisten, dass die personenbezogenen Daten nicht einer identifizierten oder identifizierbaren natürlichen Person zugewiesen werden.

8. ist ein „Dateisystem" jede strukturierte Sammlung personenbezogener Daten, die nach bestimmten Kriterien zugänglich sind, unabhängig davon, ob diese Sammlung zentral, dezentral oder nach funktionalen oder geografischen Gesichtspunkten geordnet geführt wird.

9. ist „verantwortliche Stelle" die Polizeibehörde oder Ordnungsbehörde, die die personenbezogenen Daten zur Erfüllung der ihr obliegenden Aufgaben nach diesem Gesetz verarbeitet.

10. ist „Auftragsverarbeiter" eine natürliche oder juristische Person, Behörde, Einrichtung oder andere Stelle, die personenbezogene Daten im Auftrag der verantwortlichen Stelle verarbeitet.

11. ist „Empfänger" eine natürliche oder juristische Person, Behörde, Einrichtung oder andere Stelle, der personenbezogene Daten offengelegt werden, unabhängig davon, ob es sich bei ihr um einen Dritten nach Absatz 4 Nummer 1 handelt oder nicht. Behörden, die im Rahmen eines bestimmten Untersuchungsauftrags nach dem Unionsrecht oder dem Recht der Mitgliedstaaten möglicherweise personenbezogene Daten erhalten, gelten jedoch nicht als Empfänger; die Verarbeitung dieser Daten durch die genannten Behörden erfolgt im Einklang mit den geltenden Datenschutzvorschriften gemäß den Zwecken der Verarbeitung.

12. ist „Einwilligung" der betroffenen Person jede freiwillig für den bestimmten Fall, in informierter Weise und unmissverständlich abgegebene Willensbekundung in Form einer Erklärung oder einer sonstigen eindeutigen bestätigenden Handlung, mit der die betroffene Person zu verstehen gibt, dass sie mit der Verarbeitung der sie betreffenden personenbezogenen Daten einverstanden ist.

13. ist „Verletzung des Schutzes personenbezogener Daten" eine Verletzung der Sicherheit, die, ob unbeabsichtigt oder unrechtmäßig, zur Vernichtung, zum Verlust, zur Veränderung, oder zur unbefugten Offenlegung von beziehungsweise zum unbefugten Zugang zu personenbezogenen Daten führt, die übermittelt, gespeichert oder auf sonstige Weise verarbeitet wurden.

14. sind „genetische Daten" personenbezogene Daten zu den ererbten oder erworbenen genetischen Eigenschaften einer natürlichen

Person, die eindeutige Informationen über die Physiologie oder die Gesundheit dieser natürlichen Person liefern und insbesondere aus der Analyse einer biologischen Probe der betreffenden natürlichen Person gewonnen wurden.

15. sind „biometrische Daten“ mit speziellen technischen Verfahren gewonnene personenbezogene Daten zu den physischen, physiologischen oder verhaltenstypischen Merkmalen einer natürlichen Person, die die eindeutige Identifizierung dieser natürlichen Person ermöglichen oder bestätigen, wie Gesichtsbilder oder daktyloskopische Daten.

16. sind „Gesundheitsdaten“ personenbezogene Daten, die sich auf die körperliche oder geistige Gesundheit einer natürlichen Person, einschließlich der Erbringung von Gesundheitsdienstleistungen, beziehen und aus denen Informationen über deren Gesundheitszustand hervorgehen.

17. ist „internationale Organisation“ eine völkerrechtliche Organisation und ihre nachgeordneten Stellen oder jede sonstige Einrichtung, die durch eine zwischen zwei oder mehr Ländern geschlossene Übereinkunft oder auf der Grundlage einer solchen Übereinkunft geschaffen wurde.

§ 4 Sachliche Zuständigkeit der Ordnungsbehörden, Ermächtigung zum Erlass von Rechtsverordnungen

(1) Für die Gefahrenabwehr sind die Ordnungsbehörden zuständig, soweit durch Rechtsvorschrift nichts anderes bestimmt ist. Zur Gefahrenabwehr gehört auch die Verhütung von Ordnungswidrigkeiten.

(2) Sachlich zuständig ist die örtliche Ordnungsbehörde, soweit durch Rechtsvorschrift nichts anderes bestimmt ist. Das fachlich zuständige Ministerium kann im Einvernehmen mit dem Ministerium für Inneres und Europa durch Rechtsverordnung die Zuständigkeit auf die Landes-, Kreis- oder Sonderordnungsbehörden übertragen.

(3) Bei Gefahr im Verzug ist für unaufschiebbare Maßnahmen jedoch jede örtlich zuständige Ordnungsbehörde auch sachlich zuständig. Dies gilt nicht für Sonderordnungsbehörden. Die nach Absatz 2 zuständige Behörde ist unverzüglich zu unterrichten.

(4) Neben den örtlichen Ordnungsbehörden sind auch die Landes- und Kreisordnungsbehörden, neben den Kreisordnungsbehörden auch die Landesordnungsbehörden für den Erlass von Verordnungen über die öffentliche Sicherheit oder Ordnung zuständig, wenn sie eine einheitliche Regelung für ihren Bezirk oder für Teile ihres Bezirks für erforderlich halten. Sie können insoweit ihrer Verordnung entgegenstehende oder inhaltsgleiche Vorschriften der nachgeordneten Ordnungsbehörde aufheben.

§ 5 Örtliche Zuständigkeit der Ordnungsbehörden, Ermächtigung zum Erlass von Rechtsverordnungen

(1) Örtlich zuständig ist im Bereich ihrer sachlichen Zuständigkeit die Ordnungsbehörde, in deren Bezirk die zu schützenden Interessen verletzt oder gefährdet werden.

(2) Ist es zweckmäßig, eine Angelegenheit, die benachbarte Bezirke berührt, einheitlich zu regeln, so kann die gemeinsame Fachaufsichtsbehörde eine der beteiligten Ordnungsbehörden für allein zuständig erklären.

(3) Ist die nach Absatz 1 zuständige Ordnungsbehörde nicht ohne eine Verzögerung, durch die der Erfolg des Eingreifens beeinträchtigt würde, zu erreichen, so ist für unaufschiebbare Maßnahmen eine örtlich zuständige Ordnungsbehörde der angrenzenden Bezirke zuständig. Die nach Absatz 1 zuständige Behörde ist unverzüglich zu unterrichten.

(4) Das fachlich zuständige Ministerium kann im Einvernehmen mit dem Ministerium für Inneres und Europa durch Rechtsverordnung die örtliche Zuständigkeit der Ordnungsbehörden abweichend von den Absätzen 1 und 3 regeln.

§ 6 (aufgehoben)

§ 7 Sachliche Zuständigkeit der Polizei

(1) Die Polizei hat

1. Gefahren für die öffentliche Sicherheit oder Ordnung festzustellen und aus gegebenem Anlass zu ermitteln;

2. die zuständige Ordnungsbehörde über alle Vorgänge unverzüglich zu unterrichten, die deren Eingreifen erfordern oder für deren Entschließung von Bedeutung sein können;

3. im Einzelfall zur Abwehr von Gefahren für die öffentliche Sicherheit oder Ordnung selbstständig diejenigen Maßnahmen zu treffen, die sie nach pflichtgemäßem Ermessen für unaufschiebbar hält;

4. im Rahmen der Gefahrenabwehr auch Straftaten zu verhüten und für die Verfolgung künftiger Straftaten vorzusorgen (vorbeugende Bekämpfung von Straftaten) sowie andere Vorbereitungen zu treffen, um künftige Gefahren abwehren zu können.

(2) Die Polizei leistet anderen Behörden Vollzugshilfe (§§ 82a bis 82c).

§ 8 Örtliche Zuständigkeit der Polizeivollzugsbeamtinnen und Polizeivollzugsbeamten

Polizeivollzugsbeamtinnen und Polizeivollzugsbeamte sind befugt, Amtshandlungen im gesamten Landesgebiet und in den Hoheitsgewässern vorzunehmen. Soweit sie im Bezirk einer Behörde der Polizei tätig werden, der sie nicht zugeteilt sind, gelten ihre dienstlichen Handlungen als Maßnahme dieser Behörde.

§ 9 Amtshandlungen von Polizeivollzugsbeamtinnen und Polizeivollzugsbeamten eines anderen Landes oder des Bundes oder anderer Staaten sowie von Zollbediensteten in den Vollzugsbereichen der Zollverwaltung

(1) Polizeivollzugsbeamtinnen und Polizeivollzugsbeamte eines anderen Landes oder des Bundes können in Mecklenburg-Vorpommern Amtshandlungen vornehmen

1. auf Anforderung oder mit Zustimmung der zuständigen mecklenburg-vorpommerschen Behörde;

2. in den Fällen des Artikels 35 Absatz 2 und 3 und des Artikels 91 Absatz 1 des Grundgesetzes;

3. zur Abwehr einer gegenwärtigen erheblichen Gefahr, zur Verfolgung von Straftaten auf frischer Tat sowie zur Verfolgung und Wiederergreifung Entwichener, wenn die zuständige

mecklenburg-vorpommersche Behörde die erforderlichen Maßnahmen nicht rechtzeitig treffen kann;

4. zur Erfüllung polizeilicher Aufgaben bei Gefangenentransporten;

5. zur Verfolgung von Straftaten und Ordnungswidrigkeiten und zur Gefahrenabwehr in den durch Verwaltungsabkommen, Staatsvertrag oder Gesetz geregelten Fällen.

In den Fällen des Satzes 1 Nummer 3 bis 5 ist die zuständige Polizeidienststelle unverzüglich zu unterrichten.

(2) Werden Polizeivollzugsbeamtinnen und Polizeivollzugsbeamte nach Absatz 1 tätig, haben sie die gleichen Befugnisse wie Polizeivollzugsbeamtinnen und Polizeivollzugsbeamte des Landes Mecklenburg-Vorpommern. Ihre Maßnahmen gelten als Maßnahmen derjenigen Polizeibehörde, in deren örtlichem und sachlichem Zuständigkeitsbereich sie tätig geworden sind; sie unterliegen insoweit deren Weisungen.

(3) Besondere Rechtsvorschriften über die Zuständigkeit von Polizeivollzugsbeamtinnen und Polizeivollzugsbeamten des Bundes bleiben unberührt.

(4) Absatz 1 und 2 gelten für Zollbedienstete in den Vollzugsbereichen der Zollverwaltung, denen der Gebrauch von Schusswaffen bei Anwendung des unmittelbaren Zwangs bei Ausübung öffentlicher Gewalt gestattet ist, entsprechend.

(5) Polizeivollzugsbeamtinnen und Polizeivollzugsbeamte anderer Staaten können in Mecklenburg-Vorpommern Amtshandlungen vornehmen, soweit dies durch völkerrechtliche Vereinbarungen oder nach Maßgabe von Rechtsakten der Europäischen Union vorgesehen ist. Sie können nur mit solchen Amtshandlungen betraut werden, die auch von den Polizeivollzugsbeamtinnen und Polizeivollzugsbeamten des Landes Mecklenburg-Vorpommern vorgenommen werden dürfen.

§ 10 Amtshandlungen von Polizeivollzugsbeamtinnen und Polizeivollzugsbeamten außerhalb Mecklenburg-Vorpommerns

(1) Die Polizeivollzugsbeamtinnen und Polizeivollzugsbeamten des Landes Mecklenburg-Vorpommern dürfen außerhalb des Landes im

Zuständigkeitsbereich eines anderen Landes oder des Bundes nur unter den Voraussetzungen, die § 9 Absatz 1 entsprechen, und im Falle des Artikels 91 Absatz 2 des Grundgesetzes sowie nur dann tätig werden, wenn das dort geltende Recht es vorsieht. Außerhalb der Bundesrepublik Deutschland dürfen Polizeivollzugsbeamtinnen und Polizeivollzugsbeamte des Landes Mecklenburg-Vorpommern tätig werden, soweit dies durch völkerrechtliche Vereinbarungen oder nach Maßgabe von Rechtsakten der Europäischen Union vorgesehen ist.

(2) Einer Anforderung von Polizeivollzugsbeamtinnen und Polizeivollzugsbeamten durch ein anderes Land oder durch den Bund ist zu entsprechen, wenn die Anforderung alle für die Entscheidung wesentlichen Merkmale des Einsatzauftrages enthält und soweit nicht die Verwendung der Polizei im eigenen Lande dringlicher ist als die Unterstützung der Polizei des anderen Landes oder des Bundes.

§ 11 Zusammenarbeit von Ordnungsbehörden und Polizei

Die Ordnungsbehörden und die Polizei arbeiten im Rahmen ihrer sachlichen Zuständigkeit zusammen und unterrichten sich gegenseitig über Vorkommnisse und Maßnahmen von Bedeutung. Näheres, insbesondere über die Zusammenarbeit im Rahmen der Vollzugshilfe, regelt das Ministerium für Inneres und Europa im Einvernehmen mit dem fachlich zuständigen Ministerium durch Verwaltungsvorschrift.

Abschnitt 2
Maßnahmen zur Aufrechterhaltung der öffentlichen Sicherheit und Ordnung (§§ 12 - 24)

§ 12 Grundsatz

(1) Die Ordnungsbehörden und Polizei führen die Aufgabe der Gefahrenabwehr nach den hierfür erlassenen besonderen Gesetzen und Rechtsverordnungen durch.

(2) Nur soweit solche besonderen Gesetze und Rechtsverordnungen fehlen oder eine abschließende Regelung nicht enthalten, gelten für die Durchführung der Gefahrenabwehr die §§ 13 bis 78.

§ 13 Allgemeine Befugnisse

Die Ordnungsbehörden und die Polizei haben im Rahmen der geltenden

Gesetze die nach pflichtgemäßem Ermessen notwendigen Maßnahmen zu treffen, um von der Allgemeinheit oder dem Einzelnen Gefahren abzuwehren, durch die die öffentliche Sicherheit oder Ordnung bedroht wird.

§ 14 Ermessen

(1) Die Ordnungsbehörden und die Polizei entscheiden über die von ihnen zu treffenden notwendigen Maßnahmen zur Gefahrenabwehr nach sachlichen Gesichtspunkten unter Abwägung der öffentlichen Belange und der Interessen des Einzelnen, soweit Rechtsvorschriften nicht bestimmen, dass oder in welcher Weise sie tätig zu werden haben (pflichtgemäßes Ermessen).

(2) Den Betroffenen ist auf Antrag zu gestatten, ein anderes ebenso wirksames Mittel anzuwenden, sofern die Allgemeinheit dadurch nicht stärker beeinträchtigt wird. Der Antrag kann nur innerhalb der Frist gestellt werden, die den Betroffenen zur Abwehr der Gefahr gesetzt wurde.

§ 15 Grundsatz der Verhältnismäßigkeit

(1) Von mehreren möglichen und geeigneten Maßnahmen haben die Ordnungsbehörden und die Polizei diejenigen Maßnahmen zu treffen, die den Einzelnen und die Allgemeinheit voraussichtlich am wenigsten beeinträchtigen. Kommen dabei mehrere Mittel in Betracht, so genügt es, wenn eines davon bestimmt wird.

(2) Eine Maßnahme darf nicht zu einem Nachteil führen, der zu dem erstrebten Erfolg erkennbar außer Verhältnis steht.

(3) Eine Maßnahme ist nur solange zulässig, bis ihr Zweck erreicht ist oder sich zeigt, dass er nicht erreicht werden kann.

§ 16 Verfügungen

(1) Verfügungen (Ordnungs- und Polizeiverfügungen) als Maßnahmen zur Gefahrenabwehr, die in die Rechte des Einzelnen eingreifen, sind, sofern nicht die nachfolgenden Vorschriften, ein besonderes Gesetz oder eine Verordnung über die öffentliche Sicherheit oder Ordnung die Befugnisse der Polizei und der Ordnungsbehörden besonders regeln, nur zulässig, soweit sie

1. zur Beseitigung einer Störung der öffentlichen Sicherheit oder Ordnung oder
2. zur Abwehr einer im einzelnen Falle bevorstehenden Gefahr für die öffentliche Sicherheit oder Ordnung

erforderlich sind.

(2) Ordnungs- und Polizeiverfügungen sind Verwaltungsakte im Sinne des § 35des Landesverwaltungsverfahrensgesetzes.

§ 17 Verordnungen über die öffentliche Sicherheit oder Ordnung

(1) Die Landes-, Kreis- und örtlichen Ordnungsbehörden können zur Abwehr von Gefahren für die öffentliche Sicherheit oder Ordnung Verordnungen erlassen (Verordnungen über die öffentliche Sicherheit oder Ordnung).

(2) Die Verordnungen über die öffentliche Sicherheit oder Ordnung des Landes werden von den Landesbehörden, die der Landkreise werden vom Landrat erlassen (Kreisverordnungen). Verordnungen über die öffentliche Sicherheit oder Ordnung kreisfreier Städte stehen Kreisverordnungen gleich.

(3) Die Verordnungen über die öffentliche Sicherheit oder Ordnung der kreisfreien und der großen kreisangehörigen Städte, der amtsfreien Gemeinden und der Ämter (Stadt-, Gemeinde- und Amtsverordnungen) werden vom Oberbürgermeister, Bürgermeister oder Amtsvorsteher für das Gemeinde- oder Amtsgebiet oder für Teile von ihnen erlassen.

(4) Landesordnungsbehörden dürfen Verordnungen über die öffentliche Sicherheit oder Ordnung nur erlassen, wenn eine einheitliche Regelung für das ganze Land oder für Landesteile, die mehr als einen Landkreis oder eine kreisfreie Stadt umfassen, geboten ist. Die Kreisordnungsbehörden dürfen Verordnungen über die öffentliche Sicherheit oder Ordnung nur erlassen, wenn eine einheitliche Regelung für den Landkreis oder für Gebiete, die mehr als eine Gemeinde umfassen, geboten ist.

§ 18 Inhalt der Verordnungen über die öffentliche Sicherheit oder Ordnung

(1) Verordnungen über die öffentliche Sicherheit oder Ordnung müssen

ihrem Inhalt nach bestimmt sein.

(2) Verweisungen auf Bekanntmachungen, Festsetzungen oder sonstige Anordnungen außerhalb von Gesetzen und Rechtsverordnungen sind unzulässig, soweit diese Anordnungen Gebote oder Verbote von unbeschränkter Dauer enthalten.

§ 19 Ordnungswidrigkeiten

(1) Ordnungswidrig handelt, wer vorsätzlich oder fahrlässig einer aufgrund des § 17 erlassenen Verordnung zuwiderhandelt, soweit sie für einen bestimmten Tatbestand auf diese Bußgeldvorschrift verweist.

(2) Die Ordnungswidrigkeit kann mit einer Geldbuße bis zu 5 000 Euro geahndet werden.

(3) Verwaltungsbehörden im Sinne des § 36 Absatz 1 Nummer 1 des Gesetzes über Ordnungswidrigkeiten sind die Landräte, die Oberbürgermeister beziehungsweise Bürgermeister für die kreisfreien und großen kreisangehörigen Städte, die Bürgermeister der amtsfreien Gemeinden und die Amtsvorsteher der Ämter jeweils für die Verfolgung und Ahndung von Zuwiderhandlungen gegen eine von ihnen aufgrund von § 17 erlassene Verordnung. Für die Verfolgung und Ahndung von Zuwiderhandlungen gegen Verordnungen einer Landesordnungsbehörde über die öffentliche Sicherheit oder Ordnung sind die Landräte und die Oberbürgermeister der kreisfreien Städte zuständig, soweit keine andere Behörde bestimmt ist.

(4) Gegenstände, auf die sich die Ordnungswidrigkeit bezieht oder die zu ihrer Vorbereitung oder Begehung verwendet worden sind, können eingezogen werden, soweit die Verordnung für einen bestimmten Tatbestand auf diese Vorschrift verweist.

§ 20 Verhältnis zu anderen Rechtsvorschriften; Genehmigungspflicht

(1) Verordnungen über die öffentliche Sicherheit oder Ordnung dürfen keine Bestimmungen enthalten, die mit Gesetzen und Rechtsverordnungen in Widerspruch stehen. Stadt-, Gemeinde-, Kreis- und Amtsverordnungen dürfen keine Bestimmungen enthalten, die mit Verordnungen über die öffentliche Sicherheit oder Ordnung einer Landesordnungsbehörde in Widerspruch stehen. Dies gilt entsprechend für Stadt-,

Gemeinde- und Amtsverordnungen im Verhältnis zu Kreisverordnungen.

(2) Eine Verordnung über die öffentliche Sicherheit oder Ordnung einer Landesordnungsbehörde darf durch Stadt-, Gemeinde-, Kreis- oder Amtsverordnung nur ergänzt werden, soweit die Verordnung einer Landesordnungsbehörde dies ausdrücklich zulässt. Dies gilt entsprechend für Stadt-, Gemeinde- und Amtsverordnungen im Verhältnis zu Kreisverordnungen.

(3) Verordnungen über die öffentliche Sicherheit oder Ordnung der Landkreise und der kreisfreien sowie der großen kreisangehörigen Städte bedürfen der Genehmigung des Ministeriums für Inneres und Europa, die der Ämter und der amtsfreien Gemeinden bedürfen der Genehmigung des Landrates. Die Ausfertigung der nach Satz 1 genehmigungsbedürftigen Verordnungen erfolgt nach Erteilung der Genehmigung.

§ 21 Form der Verordnungen über die öffentliche Sicherheit oder Ordnung

(1) Die Verordnungen über die öffentliche Sicherheit oder Ordnung müssen

1. als Kreis-, Stadt-, Gemeinde- oder Amtsverordnung in der Überschrift entsprechend gekennzeichnet sein,
2. die Rechtsvorschriften angeben, welche die Ermächtigung zum Erlass der Verordnung enthalten,
3. auf die erteilte Genehmigung, Zustimmung oder das Einvernehmen mit anderen Stellen hinweisen, soweit dies gesetzlich vorgeschrieben ist,
4. das Datum angeben, unter dem sie ausgefertigt sind, und
5. die Behörde bezeichnen, die die Verordnung erlassen hat.

(2) Verordnungen über die öffentliche Sicherheit oder Ordnung sollen

1. in der Überschrift ihren wesentlichen Inhalt kennzeichnen und
2. den örtlichen Geltungsbereich und die Geltungsdauer angeben. Ist der Geltungsbereich nicht angegeben, so gelten die Verordnungen für den gesamten Bezirk der Behörde.

§ 22 Geltungsdauer

(1) Verordnungen über die öffentliche Sicherheit oder Ordnung sollen eine Beschränkung ihrer Geltungsdauer enthalten. Die Geltung darf nicht über 20 Jahre hinaus erstreckt werden. Verordnungen, die keine Beschränkung der Geltungsdauer enthalten, treten 20 Jahre nach ihrem Inkrafttreten außer Kraft.

(2) Absatz 1 findet keine Anwendung auf Verordnungen über die öffentliche Sicherheit oder Ordnung, durch die Verordnungen über die öffentliche Sicherheit oder Ordnung abgeändert oder aufgehoben werden.

§ 23 Amtliche Bekanntmachung

(1) Verordnungen über die öffentliche Sicherheit oder Ordnung einer Landesordnungsbehörde sind im Gesetz- und Verordnungsblatt für Mecklenburg-Vorpommern zu verkünden.

(2) Stadt-, Gemeinde-, Kreis- und Amtsverordnungen sind örtlich in der für Satzungen bestimmten Weise zu verkünden.

(3) Bei Gefahr im Verzug kann die Verkündung durch Bekanntmachung in Tageszeitungen, im Hörfunk, im Fernsehen, im Internet, durch Lautsprecher oder in anderer ortsüblicher Art ersetzt werden (Ersatzverkündung). Die Verordnung über die öffentliche Sicherheit oder Ordnung ist sodann unverzüglich nach Absatz 1 oder 2 bekannt zu machen. Hierbei sind der Zeitpunkt und die Art der Ersatzverkündung anzugeben.

§ 24 Inkrafttreten der Verordnungen über die öffentliche Sicherheit oder Ordnung

Verordnungen über die öffentliche Sicherheit oder Ordnung treten, soweit in ihnen nichts anderes bestimmt ist, am Tage nach ihrer Verkündung in Kraft.

Abschnitt 3
Verarbeitung personenbezogener Daten (§§ 25 - 49)

Unterabschnitt 1
Grundsätze der Verarbeitung (§§ 25 - 26b)

§ 25 Bestimmungen zur Anwendbarkeit der Vorschriften dieses Gesetzes im Anwendungsbereich der Verordnung (EU) 2016/679 und des Landesdatenschutzgesetzes

(1) Die Vorschriften zur Datenverarbeitung nach diesem Gesetz gelten in Anwendung der Artikel 6 Absatz 2 und 3 jeweils in Verbindung mit Absatz 1 Buchstabe e sowie Artikel 23 Absatz 1 der Verordnung (EU) 2016/679 des Europäischen Parlaments und des Rates vom 27. April 2016 zum Schutz natürlicher Personen bei der Verarbeitung personenbezogener Daten, zum freien Datenverkehr und zur Aufhebung der Richtlinie 95/46/EG (Datenschutz-Grundverordnung) (ABl. L 119 vom 4.5.2016, S. 1, L 314 vom 22.11.2016, S. 72, L 127 vom 23.5.2018, S. 2) auch für die Erfüllung von ordnungsbehördlichen und polizeilichen Aufgaben, die in den Anwendungsbereich der Verordnung (EU) 2016/679 fallen. Dies gilt nicht, soweit diese Vorschriften bereits auf den Anwendungsbereich der Richtlinie (EU) 2016/680 des Europäischen Parlaments und des Rates vom 27. April 2016 zum Schutz natürlicher Personen bei der Verarbeitung personenbezogener Daten durch die zuständigen Behörden zum Zwecke der Verhütung, Ermittlung, Aufdeckung oder Verfolgung von Straftaten oder der Strafvollstreckung sowie zum freien Datenverkehr und zur Aufhebung des Rahmenbeschlusses 2008/977/JI des Rates (ABl. L 119 vom 4.5.2016, S. 89, L 127 vom 23.5.2018, S. 9) beschränkt sind und soweit die Definitionen in § 3 Absatz 4 und 5 denen des Artikels 4 der Verordnung (EU) 2016/679 entsprechen.

(2) Zur Schaffung einer kohärenten Regelungslage im Bereich des Gefahrenabwehrrechtes werden zu folgenden Regelungen der Verordnung (EU) 2016/679 spezifische Bestimmungen im Sinne des Artikels 6 Absatz 2 und 3 jeweils in Verbindung mit Absatz 1 Buchstabe e der Verordnung (EU) 2016/679 erlassen und zwar

1. mit § 3 Absatz 4 Nummer 1 zu Artikel 4 Nummer 7.

2. mit § 3 Absatz 5 Nummer 3 Buchstabe c zu Artikel 9 Absatz 1.
3. mit § 25a Absatz 1 zu Artikel 6 Absatz 1 Buchstabe e.
4. mit § 25a Absatz 2 zu Artikel 5 Absatz 1 Buchstabe a, b und e.
5. mit § 25a Absatz 3 Satz 1, Absatz 4 Satz 1 und Absatz 7 sowie mit § 46j zu Artikel 5 Absatz 1 Buchstabe a.
6. mit § 25a Absatz 5 zu den Artikeln 13 und 14.
7. mit § 26 zu Artikel 7.
8. mit den §§ 27 Absatz 1 bis 3, 37a und 42 Absatz 1, 2 und 4 zu Artikel 6 Absatz 1 Buchstabe e.
9. mit § 27 Absatz 4 zu Artikel 6 Absatz 1 Buchstabe e und zu Artikel 9 Absatz 2 Buchstabe g.
10. mit § 36 zu Artikel 6 Absatz 1 Buchstabe e und Absatz 4.
11. mit § 37 zu Artikel 10.
12. mit den §§ 39 bis 39c zu Artikel 5 Absatz 1 Buchstabe a, b und d.
13. mit § 42 Absatz 3 zu Artikel 26 Absatz 2 Satz 2.
14. mit den §§ 42 Absatz 6 und 45c Absatz 3 und 4 zu Artikel 30.
15. mit den §§ 45 und 45a zu Artikel 5 Absatz 1 Buchstabe d.
16. mit § 45b zu Artikel 35.
17. mit den §§ 46d bis 46f zu Artikel 5 Absatz 1 Buchstabe a und b und zu Artikel 31.
18. mit § 46g zu Artikel 5 Absatz 1 Buchstabe a und b.
19. mit § 46h zu Artikel 25.
20. mit § 46i zu Artikel 5 Absatz 1 Buchstabe f und zu Artikel 32.
21. mit § 46k zu Artikel 28.
22. mit § 47 zu Artikel 77 Absatz 1.
23. mit § 48a zu Artikel 16 bis 19.
24. mit § 48b Absatz 6 Satz 2 zu Artikel 57 Absatz 1 Buchstabe a.

25. mit § 48c zu Artikel 31 und zu Artikel 36.
26. mit § 48d zu Artikel 33.
27. mit den §§ 48e, 48f, 48g Absatz 2 bis 4 zu den Artikeln 37 bis 39.
28. mit § 48h zu Artikel 5 Absatz 1 Buchstabe a.

(3) Ferner

1. wird mit § 25a Absatz 3 Satz 2 und Absatz 4 Satz 2 der Artikel 5 Absatz 1 Buchstabe a der Verordnung (EU) 2016/679 beschränkt nach Artikel 23 Absatz 1 Buchstabe d der Verordnung (EU) 2016/679,
2. wird mit § 25a Absatz 6 der Artikel 22 der Verordnung (EU) 2016/679 beschränkt nach Artikel 23 Absatz 1 Buchstabe i der Verordnung (EU) 2016/679,
3. werden mit den §§ 46a und 46b zu Artikel 14 Absatz 5 Buchstabe b der Verordnung (EU) 2016/679 spezifische Bestimmungen im Sinne des Artikels 6 Absatz 2 und 3 jeweils in Verbindung mit Absatz 1 Buchstabe e der Verordnung (EU) 2016/679 erlassen und zudem wird Artikel 14 beschränkt im Sinne des Artikels 23 Absatz 1 Buchstabe d der Verordnung (EU) 2016/679,
4. werden mit § 46c zu Artikel 34 der Verordnung (EU) 2016/679 spezifische Bestimmungen im Sinne des Artikels 6 Absatz 2 und 3 jeweils in Verbindung mit Absatz 1 Buchstabe e der Verordnung (EU) 2016/679 erlassen und § 46c enthält zudem Beschränkungen im Sinne des Artikels 23 Absatz 1 Buchstabe d der Verordnung (EU) 2016/679 und
5. werden mit § 48 zu Artikel 15 der Verordnung (EU) 2016/679 spezifische Bestimmungen im Sinne des Artikels 6 Absatz 2 und 3 jeweils in Verbindung mit Absatz 1 Buchstabe e der Verordnung (EU) 2016/679 erlassen und § 48 enthält zudem Beschränkungen im Sinne des Artikels 23 Absatz 1 Buchstabe d der Verordnung (EU) 2016/679.

(4) Mit den übrigen Vorschriften zur Datenverarbeitung im Sinne des Absatzes 1 werden zu Artikel 6 Absatz 1 der Verordnung (EU) 2016/679 spezifische Bestimmungen im Sinne des Artikels 6 Absatz 2

und 3 jeweils in Verbindung mit Absatz 1 Buchstabe e der Verordnung (EU) 2016/679 erlassen.

(5) Soweit in diesem Gesetz nichts Besonderes geregelt ist, findet das Landesdatenschutzgesetz ergänzend Anwendung.

§ 25a Allgemeine Grundsätze

(1) Die Ordnungsbehörden und die Polizei dürfen personenbezogene Daten zum Zwecke der Gefahrenabwehr verarbeiten, soweit dies zur Erfüllung ihrer Aufgaben erforderlich ist und

1. die Art und der Umfang des Umgangs mit den personenbezogenen Daten durch Gesetz ausdrücklich zugelassen ist oder

2. die betroffene Person gemäß § 26 eingewilligt hat.

(2) Die verantwortliche Stelle hat bei der Verarbeitung personenbezogener Daten so weit wie möglich zwischen den verschiedenen Kategorien betroffener Personen zu unterscheiden. Es sind insbesondere die in § 27 Absatz 1 und 3 jeweils aufgeführten Kategorien zu bilden.

(3) Personenbezogene Daten sind bei der betroffenen Person zu erheben. Bei Behörden und anderen öffentlichen Stellen oder bei Personen und Stellen außerhalb der öffentlichen Verwaltung dürfen sie nur erhoben werden, wenn die Erhebung bei der betroffenen Person nicht oder nicht rechtzeitig möglich ist oder sonst die Erfüllung der jeweiligen polizeilichen oder ordnungsbehördlichen Aufgabe erheblich erschwert oder gefährdet werden würde.

(4) Personenbezogene Daten sind offen zu erheben. Eine Erhebung, die nicht als polizeiliche oder ordnungsbehördliche Maßnahme erkennbar sein soll, ist nur zulässig, wenn sonst die Erfüllung polizeilicher oder ordnungsbehördlicher Aufgaben erheblich gefährdet werden würde oder wenn anzunehmen ist, dass dies im Interesse der betroffenen Person ist.

(5) Werden personenbezogene Daten bei der betroffenen Person oder bei Dritten (§ 3 Absatz 4 Nummer 1) aufgrund einer Rechtsvorschrift erhoben, die zur Auskunft verpflichtet, so sind diese hierauf, sonst auf die Freiwilligkeit ihrer Auskunft, auf bestehende Auskunftsverweigerungsrechte und auf Verlangen auf die Rechtsgrundlage für die Erhebung hinzuweisen.

(6) Eine ausschließlich auf einer automatisierten Verarbeitung beruhende Entscheidung, einschließlich Profiling, die mit einer nachteiligen Rechtsfolge für die betroffene Person verbunden ist oder sie erheblich beeinträchtigt, ist nur zulässig, wenn sie in diesem Gesetz vorgesehen ist. Entscheidungen nach Satz 1 dürfen nicht auf besonderen Kategorien personenbezogener Daten beruhen, sofern nicht geeignete Maßnahmen zum Schutz der Rechtsgüter sowie der berechtigten Interessen der betroffenen Personen getroffen wurden. Profiling, das zur Folge hat, dass betroffene Personen auf der Grundlage von besonderen Kategorien personenbezogener Daten diskriminiert werden, ist verboten. Kinder dürfen von keinen Maßnahmen nach Satz 1 betroffen sein.

(7) Die verantwortliche Stelle hat bei der Verarbeitung so weit wie möglich danach zu unterscheiden, ob personenbezogene Daten auf Tatsachen oder auf persönlichen Einschätzungen beruhen. Zu diesem Zweck hat sie, soweit dies im Rahmen der jeweiligen Verarbeitung möglich und angemessen ist, Beurteilungen, die auf persönlichen Einschätzungen beruhen, als solche kenntlich zu machen. Es muss außerdem feststellbar sein, welche Stelle die Unterlagen führt, die der auf einer persönlichen Einschätzung beruhenden Beurteilung zugrunde liegen.

§ 25b Gerichtliche Zuständigkeit, Verfahren

Wird in diesem Gesetz eine richterliche Entscheidung bestimmt, ist das Amtsgericht zuständig, in dessen Bezirk die die Maßnahme durchführende Ordnungsbehörde oder Polizeibehörde ihren Sitz hat. Für das Verfahren findet das Gesetz über das Verfahren in Familiensachen und in den Angelegenheiten der freiwilligen Gerichtsbarkeit entsprechende Anwendung. Satz 1 und 2 gelten nicht, soweit dieses Gesetz die gerichtliche Zuständigkeit oder das Verfahren abweichend regelt. Gegen die Entscheidung des Gerichtes ist auch die Beschwerde der beantragenden Behörde zulässig. Die Rechtsbeschwerde findet nicht statt. Die Entscheidung des Gerichtes bedarf zu ihrer Wirksamkeit auch dann nicht der Anhörung der betroffenen Person und der Bekanntgabe an die betroffene Person, soweit der Zweck der Maßnahme durch diese gefährdet würde. § 77 bleibt unberührt.

§ 26 Einwilligung

(1) Die Verarbeitung personenbezogener Daten kann auch auf Grundlage einer Einwilligung der betroffenen Person erfolgen. Unter

Berücksichtigung der Umstände des Einzelfalles kann diese schriftlich, entsprechend § 3a des Landesverwaltungsverfahrensgesetzes auf elektronischem Wege oder mündlich erfolgen. Die verantwortliche Stelle muss die Einwilligung der betroffenen Person nachweisen können.

(2) Soll die Einwilligung zusammen mit anderen Erklärungen schriftlich eingeholt werden, ist die Einwilligungserklärung im äußeren Erscheinungsbild des Schriftstücks hervorzuheben und sprachlich derart abzufassen, dass eine eindeutige Zuordnung zu dem die Einwilligung betreffenden Teil durch die betroffene Person möglich ist.

(3) Soweit besondere Kategorien personenbezogener Daten verarbeitet werden, muss sich die Einwilligung ausdrücklich auf diese Daten beziehen.

(4) Die betroffene Person ist vor Abgabe der Einwilligung in geeigneter Weise über die Bedeutung und Tragweite der Einwilligung, insbesondere über die Art und den Umfang der Verarbeitung sowie über Empfänger beabsichtigter Übermittlungen von Daten, aufzuklären. Die Anschrift der datenverarbeitenden Stelle ist ihr mitzuteilen.

(5) Die betroffene Person ist unter Darlegung der Rechtsfolgen darauf hinzuweisen, dass sie die Einwilligung verweigern und mit Wirkung für die Zukunft jederzeit widerrufen kann. An die Form des Widerrufs dürfen keine höheren Anforderungen als an die der Erteilung der Einwilligung gestellt werden.

(6) Die Einwilligung ist nur wirksam, wenn sie auf der freien Entscheidung der betroffenen Person beruht. Bei der Beurteilung, ob die Einwilligung freiwillig erteilt wurde, müssen die Umstände der Erteilung berücksichtigt werden.

§ 26a Schutz des Kernbereiches privater Lebensgestaltung

(1) Rechtfertigen Tatsachen die Annahme, dass durch eine Maßnahme allein Erkenntnisse aus dem Kernbereich privater Lebensgestaltung erlangt werden, ist diese unzulässig.

(2) Werden durch eine Maßnahme auch Erkenntnisse aus dem Kernbereich privater Lebensgestaltung erlangt, dürfen diese nicht verwertet werden. Aufzeichnungen über solche Erkenntnisse sind unverzüglich zu löschen und die Tatsache ihrer Erlangung und Löschung ist gemäß § 46d

zu dokumentieren; für die Protokollierung gilt § 46e. Die Dokumentation und entsprechende Protokollierung dürfen ausschließlich für Zwecke der Datenschutzkontrolle verwendet werden; sie sind frühestens nach Abschluss der Datenschutzkontrolle gemäß § 48b Absatz 6 und spätestens nach vierundzwanzig Monaten zu löschen.

(3) Dürfen Daten nach diesem Gesetz erhoben werden und rechtfertigen während der Erhebung Tatsachen die Annahme, dass Erkenntnisse aus dem Kernbereich privater Lebensgestaltung erfasst werden, ist die Maßnahme abzubrechen; dies gilt nicht, sofern mit dem Abbruch der Maßnahme eine Gefährdung der eingesetzten Polizeibeamtinnen und Polizeibeamten oder Vertrauenspersonen oder ihrer weiteren Verwendung verbunden wäre. Soweit Daten aufgezeichnet werden, ist der Aufzeichnungsvorgang, soweit dies technisch möglich ist, unverzüglich zu unterbrechen. Nach einer Unterbrechung darf die Datenerhebung und -aufzeichnung nur fortgesetzt werden, wenn aufgrund geänderter Umstände davon ausgegangen werden kann, dass die Gründe, die zur Unterbrechung geführt haben, nicht mehr vorliegen. Die Tatsache der Unterbrechung und der Fortsetzung ist zu dokumentieren oder zu protokollieren; Absatz 2 Satz 3 gilt entsprechend.

(4) Soweit in diesem Gesetz nichts Besonderes geregelt ist, ist vor einer Verwendung von Daten in oder aus Wohn- oder Geschäftsräumen oder in oder von befriedetem Besitztum die Rechtmäßigkeit dieser Datenerhebung zuvor richterlich festzustellen. Bei Gefahr im Verzug entscheidet über die Verwendung die Behördenleitung oder eine von ihr besonders beauftragte Beamtin oder ein von ihr besonders beauftragter Beamter; eine richterliche Entscheidung ist unverzüglich nachzuholen. Sind in den Fällen des Satzes 2 Daten an andere Stellen übermittelt worden und wurde die Rechtmäßigkeit dieser Datenerhebung nicht richterlich bestätigt, ist § 45 Absatz 5 zu beachten.

(5) Soweit in diesem Gesetz nichts Besonderes geregelt ist, sind vor einer Verwendung von Daten in Fällen einer Unterbrechung nach Absatz 3, die nicht bereits von Absatz 4 erfasst werden, die erhobenen Daten der oder dem behördlichen Datenschutzbeauftragten zur Auswertung und Entscheidung über die Rechtmäßigkeit dieser Datenerhebung vorzulegen. Absatz 4 Satz 2 gilt entsprechend. Sind in den Fällen des Satzes 2 Daten an andere Stellen übermittelt worden und wurde die

Rechtmäßigkeit dieser Datenerhebung nicht von der oder dem behördlichen Datenschutzbeauftragten festgestellt, ist § 45 Absatz 5 zu beachten.

§ 26b Schutz von zeugnisverweigerungsberechtigten Personen

(1) Maßnahmen zur Datenerhebung, die sich gegen einen in § 53 Absatz 1 der Strafprozessordnung genannten Berufsgeheimnisträger richten und voraussichtlich Erkenntnisse erbringen würden, über die diese Person das Zeugnis verweigern dürfte, sind unzulässig. § 28 Absatz 2 bleibt unberührt. Dennoch erlangte Erkenntnisse dürfen nicht verwertet werden. Für die Dokumentation, Protokollierung und Löschung ist § 26a Absatz 2 Satz 2 und 3 anzuwenden. Die Sätze 2 bis 4 gelten entsprechend, wenn durch eine Maßnahme, die sich nicht gegen einen in § 53Absatz 1 der Strafprozessordnung genannten Berufsgeheimnisträger richtet, von einer dort genannten Person Erkenntnisse erlangt werden, über die sie das Zeugnis verweigern dürfte.

(2) Maßnahmen zur Datenerhebung, durch die ein Berufsgeheimnisträger betroffen wäre und dadurch voraussichtlich Erkenntnisse erlangt würden, über die diese Person das Zeugnis verweigern dürfte, sind abweichend von Absatz 1 zulässig, soweit dies zur Abwehr einer gegenwärtigen Gefahr für Leib, Leben oder Freiheit erforderlich ist. Dies gilt nicht für Berufsgeheimnisträger nach § 53 Absatz 1 Satz 1 Nummer 1,2 und 4 der Strafprozessordnung sowie für einen Rechtsanwalt, eine nach § 206 der Bundesrechtsanwaltsordnung in eine Rechtsanwaltskammer aufgenommene Person oder einen Kammerrechtsbeistand. Nach Satz 1 erhobene Daten dürfen nur für den dort bezeichneten Zweck verwendet werden.

(3) Die Absätze 1 und 2 gelten entsprechend, soweit die in § 53a der Strafprozessordnung Genannten das Zeugnis verweigern dürften.

(4) Die Absätze 1 bis 3 gelten nicht, sofern Tatsachen die Annahme rechtfertigen, dass die zeugnisverweigerungsberechtigte Person für die Gefahr verantwortlich ist.

Unterabschnitt 2
Maßnahmen der Datenerhebung (§§ 27 - 35)

§ 27 Allgemeine Befugnisse zur Datenerhebung

(1) Zur Abwehr einer im einzelnen Falle bevorstehenden Gefahr können personenbezogene Daten erhoben werden über

1. die in den §§ 69 und 70 genannten Personen und, unter den Voraussetzungen des § 71, über die dort genannten Personen,
2. geschädigte, hilflose oder vermisste Personen sowie deren Angehörige, gesetzliche Vertreter oder Personen des Vertrauens,
3. gefährdete Personen,
4. Zeuginnen und Zeugen, Hinweisgeberinnen und Hinweisgeber oder sonstige Auskunftspersonen,
5. unbekannte Personen und
6. Tote.

(2) Zur Vorbereitung für die Hilfeleistung und das Handeln in Gefahrenfällen können von

1. Personen, deren besondere Kenntnisse oder Fähigkeiten zur Gefahrenabwehr benötigt werden,
2. Verantwortlichen für Anlagen oder Einrichtungen, von denen eine erhebliche Gefahr ausgehen kann,
3. Verantwortlichen für gefährdete Anlagen oder Einrichtungen und
4. Verantwortlichen für Veranstaltungen in der Öffentlichkeit, die nicht dem Versammlungsgesetz unterliegen,

Namen, Vornamen, akademische Grade, Anschriften, Telefonnummern und andere personenbezogene Daten über die Erreichbarkeit sowie nähere Angaben über die Zugehörigkeit zu einer der genannten Personengruppen aus allgemein zugänglichen Quellen, bei Behörden oder aufgrund freiwilliger Angaben der betroffenen Person erhoben werden. Eine verdeckte Datenerhebung ist nicht zulässig. Kommt es im Zusammenhang mit einem Gefahrenfall zur Begehung einer Straftat oder

Ordnungswidrigkeit, so dürfen die nach Satz 1 Nummer 2 bis 4 erhobenen personenbezogenen Daten zur Verfolgung einer solchen Straftat oder Ordnungswidrigkeit verarbeitet werden. Werden die nach Satz 1 Nummer 4 erhobenen personenbezogenen Daten nicht nach Satz 3 verwendet, sind sie spätestens einen Monat nach Beendigung des Anlasses ihrer Erhebung zu löschen.

(3) Rechtfertigen Tatsachen die Annahme der künftigen Begehung von Straftaten von erheblicher Bedeutung (§ 49) oder von terroristischen Straftaten (§ 67c), kann die Polizei personenbezogene Daten erheben über

1. Personen, bei denen Tatsachen die Annahme rechtfertigen, dass sie künftig solche Straftaten begehen oder sich an solchen beteiligen werden,
2. Personen, die mit einer Person nach Nummer 1 in nicht nur flüchtigem oder in zufälligem Kontakt stehen und
   a) von der Vorbereitung einer Straftat nach Satz 1 Kenntnis haben,
   b) aus der Verwertung der Tat Vorteile ziehen könnten oder
   c) derer sich die Person nach Nummer 1 zur Begehung der Straftat bedienen könnte

   und wenn die Verhütung dieser Straftaten auf andere Weise aussichtslos oder wesentlich erschwert wäre,
3. Personen, bei denen Tatsachen die Annahme rechtfertigen, dass sie Opfer solcher Straftaten werden, oder
4. Zeuginnen und Zeugen, Hinweisgeberinnen und Hinweisgeber oder sonstige Auskunftspersonen, die dazu beitragen können, den Sachverhalt solcher Straftaten aufzuklären.

(4) In den Fällen des Absatzes 1 Nummer 1 bis 3, 5 und 6 sowie des Absatzes 3 Nummer 1 und 2 kann die Polizei auch ohne Einwilligung nach § 26 besondere Kategorien personenbezogener Daten im Sinne des § 3 Absatz 5 Nummer 3 erheben, sofern die Kenntnis dieser Daten zur Abwehr der Gefahr für die öffentliche Sicherheit im jeweiligen Einzelfall zwingend erforderlich ist. Für die Ordnungsbehörden gilt Satz 1

ausschließlich in den Fällen des Absatzes 1 Nummer 1 bis 3, 5 und 6.

(5) Die Polizei sowie Behörden, die Aufgaben der Hilfs- und Rettungsdienste wahrnehmen, können fernmündlich an sie gerichtete Notrufe und über Notrufeinrichtungen eingehende sonstige Mitteilungen aufzeichnen; ausgehende Gespräche können aufgezeichnet werden, sofern sie mit der Bearbeitung des Notrufs in Zusammenhang stehen. Im Übrigen ist eine Aufzeichnung von Anrufen zulässig, soweit dies im Einzelfall zur polizeilichen Aufgabenerfüllung erforderlich ist. Die oder der Anrufende soll auf die Aufzeichnung nach Satz 2 hingewiesen werden, soweit dadurch die Aufgabenerfüllung nicht gefährdet wird. Die Aufzeichnungen nach Satz 1 sind spätestens sechs Monate, die Aufzeichnungen nach Satz 2 spätestens eine Woche nach ihrer Erhebung zu löschen. Dies gilt nicht, sofern die Daten zur Verfolgung von Straftaten oder Ordnungswidrigkeiten oder zur Erfüllung der in § 1 bezeichneten Aufgaben benötigt werden.

§ 27a Polizeiliche Anhalte- und Sichtkontrollen

Die Polizei darf

1. im öffentlichen Verkehrsraum zur vorbeugenden Bekämpfung von Straftaten von erheblicher Bedeutung (§ 49) oder terroristischer Straftaten (§ 67c) oder

2. im Grenzgebiet bis zu einer Tiefe von 30 Kilometern, in öffentlichen Einrichtungen des internationalen Verkehrs mit unmittelbarem Grenzbezug, im Küstenmeer sowie in den inneren Gewässern zur vorbeugenden Bekämpfung der grenzüberschreitenden Kriminalität oder zur Unterbindung des unerlaubten Aufenthalts

Personen kurzzeitig anhalten und mitgeführte Fahrzeuge, insbesondere deren Kofferräume und Ladeflächen, in Augenschein nehmen. Maßnahmen nach Satz 1 Nummer 1 werden durch die Leitung der zuständigen Polizeibehörde oder durch eine von ihr besonders beauftragte Beamtin oder einen von ihr besonders beauftragten Beamten angeordnet, soweit polizeiliche Lageerkenntnisse dies rechtfertigen. Die Anordnung ergeht schriftlich, in Fällen von Gefahr im Verzug ist sie unverzüglich nachträglich zu dokumentieren. Sie ist in örtlicher und zeitlicher Hinsicht auf den zur vorbeugenden Bekämpfung der in Satz 1 Nummer 1 aufgeführten Straftaten erforderlichen Umfang zu beschränken. Die Anordnung ist auf höchstens einen Monat zu befristen und unter Angabe der Lageerkenntnisse zu begründen. Eine Verlängerung ist möglich, soweit die Anordnungsvoraussetzungen fortbestehen; Satz 2 bis 5 gelten entsprechend.

§ 28 Befragung und Auskunftspflicht VK (VA)

(1) Personen dürfen befragt werden, wenn Tatsachen die Annahme rechtfertigen, dass sie Angaben machen können, die für die Aufgabenerfüllung nach § 1 erforderlich sind. Für die Dauer der Befragung dürfen diese Personen angehalten werden.

(2) Eine Person, die nach Absatz 1 befragt wird, hat die erforderlichen Angaben zu leisten und auf Frage auch Namen, Vornamen, Tag und Ort der Geburt, Wohnanschrift und Staatsangehörigkeit anzugeben. § 136a Absatz 1 Satz 1 und 3 sowie Absatz 2 und 3 der Strafprozessordnung gilt entsprechend. § 90 findet keine Anwendung. § 26b bleibt unberührt. Unter den in den §§ 52 bis 55 der Strafprozessordnung bezeichneten Voraussetzungen ist die betroffene Person zur Verweigerung der Auskunft zur Sache berechtigt. Dies gilt nicht, soweit die Auskunft zur Abwehr einer Gefahr für den Bestand oder die Sicherheit des Bundes oder eines Landes oder Leib, Leben oder Freiheit einer Person erforderlich ist; insoweit erlangte Auskünfte dürfen nur zu Zwecken der Gefahrenabwehr verwendet werden. Ein Berufsgeheimnisträger nach § 53 Absatz 1 Satz 1 Nummer 1, 2 und 4 der Strafprozessordnung sowie ein Rechtsanwalt, eine nach § 206 der Bundesrechtsanwaltsordnung in eine Rechtsanwaltskammer aufgenommene Person oder ein Kammerrechtsbeistand ist auch in den Fällen des Satzes 6 zur Verweigerung der Auskunft berechtigt. Die betroffene Person ist über ihr Recht zur Verweigerung der Auskunft zu belehren.

§ 29 Identitätsfeststellung

(1) Die Identität einer Person darf zur Abwehr einer im einzelnen Falle bevorstehenden Gefahr festgestellt werden. Darüber hinaus dürfen Polizeivollzugsbeamtinnen und Polizeivollzugsbeamte die Identität einer Person feststellen,

1. wenn sie sich an einem Ort aufhält,

    a) für den Tatsachen die Annahme rechtfertigen, dass

aa) dort Personen Straftaten verabreden, vorbereiten oder verüben,

bb) sich dort gesuchte Straftäter verbergen,

cc) sich dort Personen treffen, die gegen aufenthaltsrechtliche Vorschriften verstoßen, oder

dd) dort Personen dem unerlaubten Glücksspiel nachgehen oder

b) an dem Personen der Prostitution nachgehen,

2. wenn sie sich in einer Verkehrs- oder Versorgungsanlage oder -einrichtung, einem öffentlichen Verkehrsmittel, Amtsgebäude oder in deren unmittelbarer Nähe aufhält und Tatsachen die Annahme rechtfertigen, dass in oder an diesem Objekt Straftaten begangen werden sollen, durch die Personen oder diese Objekte gefährdet sind,

3. wenn sie sich in einem gefährdeten Objekt oder in dessen unmittelbarer Nähe aufhält und die zuständige Polizeibehörde für dieses Objekt besondere Schutzmaßnahmen angeordnet hat oder

4. an einer Kontrollstelle, die von der Polizei eingerichtet worden ist, um folgende Straftaten zu verhüten, für die Tatsachen die Annahme ihrer Begehung rechtfertigen:

   a) die in §§ 125, 125a des Strafgesetzbuches genannten Straftaten,

   b) die in § 129a des Strafgesetzbuches oder die in § 67c genannten Straftaten,

   c) eine Straftat nach § 250 Absatz 1 Nummer 1 Buchstabe a, b oder Absatz 2 des Strafgesetzbuches,

   d) eine Straftat nach § 255 des Strafgesetzbuches in der Begehungsform nach § 250 Absatz 1 Nummer 1 Buchstabe a, b oder Absatz 2 des Strafgesetzbuches oder

   e) eine Straftat nach § 27 des Versammlungsgesetzes.

(2) Es dürfen die zur Feststellung der Identität erforderlichen

Maßnahmen getroffen werden. Insbesondere kann verlangt werden, dass die betroffene Person Angaben zur Feststellung ihrer Identität macht sowie mitgeführte Ausweispapiere zur Prüfung aushändigt. Die betroffene Person darf angehalten werden. Vollzugsbeamtinnen und Vollzugsbeamte der Ordnungsbehörden dürfen die betroffene Person nur bis zum Eintreffen der Polizei festhalten, wenn die Identität auf andere Weise nicht oder nur unter erheblichen Schwierigkeiten festgestellt werden kann.

(3) Polizeivollzugsbeamtinnen und Polizeivollzugsbeamte dürfen die betroffene Person festhalten oder zur Dienststelle verbringen, wenn die Identität auf andere Weise nicht oder nur unter erheblichen Schwierigkeiten festgestellt werden kann. Dabei können die betroffene Person sowie die von ihr mitgeführten Sachen zum Zwecke der Identitätsfeststellung durchsucht werden. Die betroffene Person darf nicht länger festgehalten werden, als es zur Feststellung ihrer Identität erforderlich ist. Spätestens am Ende des Tages nach dem Festhalten muss die Entlassung erfolgen, sofern nicht vorher die Fortdauer der Freiheitsentziehung gerichtlich angeordnet worden ist.

(4) § 56 gilt entsprechend mit der Maßgabe, dass die Freiheitsentziehung insgesamt drei Tage nicht überschreiten darf.

§ 30 Prüfung von Berechtigungsscheinen

Es kann verlangt werden, dass ein Berechtigungsschein zur Prüfung ausgehändigt wird, wenn die betroffene Person aufgrund einer Rechtsvorschrift oder einer vollziehbaren Auflage in einem Erlaubnisbescheid verpflichtet ist, diesen Berechtigungsschein mitzuführen. Die betroffene Person darf für die Dauer der Prüfung angehalten werden.

§ 31 Erkennungsdienstliche Maßnahmen

(1) Erkennungsdienstliche Maßnahmen dürfen angeordnet werden, wenn eine nach § 29 zulässige Identitätsfeststellung auf andere Weise nicht oder nur unter erheblichen Schwierigkeiten möglich ist. Darüber hinaus dürfen Polizeivollzugsbeamtinnen und Polizeivollzugsbeamte die zur Verhütung oder Aufklärung einer künftigen mit Strafe bedrohten Handlung erforderlich erscheinenden erkennungsdienstlichen Maßnahmen anordnen, wenn die betroffene Person verdächtig ist, eine mit Strafe bedrohte Handlung begangen zu haben, und wenn wegen der Art oder

Ausführung der Handlung die Gefahr der Begehung weiterer mit Strafe bedrohter Handlungen besteht. Die angeordneten Maßnahmen werden von der Polizei durchgeführt. Sie können auch von Ordnungsbehörden durchgeführt werden, soweit sie über die erforderlichen personellen und materiellen Voraussetzungen verfügen.

(2) Erkennungsdienstliche Maßnahmen sind insbesondere

1. die Abnahme von Fingerabdrücken und Abdrücken von Hand- oder Fußflächen,

2. die Aufnahme von Lichtbildern,

3. die Feststellung äußerer körperlicher Merkmale,

4. Messungen und

5. Tonaufzeichnungen.

(3) Ist die Identität festgestellt, dürfen die in den Fällen des Absatzes 1 Satz 1 im Zusammenhang mit der Feststellung angefallenen erkennungsdienstlichen Daten oder angefertigten Unterlagen nur dann weiterverarbeitet oder verwendet werden, wenn dies für Zwecke nach Absatz 1 Satz 2 oder nach Rechtsvorschriften anderer Gesetze zulässig ist.

(4) Das Ministerium für Inneres und Europa regelt das Nähere durch Verwaltungsvorschrift.

§ 31a Molekulargenetische Untersuchung zur Identitätsfeststellung

(1) Die Polizei kann zur Feststellung der Identität von hilflosen Personen oder Toten deren DNA-Identifizierungsmuster mit denjenigen vermisster Personen abgleichen, wenn die Feststellung der Identität auf andere Weise nicht oder nur unter erheblichen Schwierigkeiten möglich ist. Zu diesem Zweck dürfen

1. hilflosen Personen oder Toten Körperzellen entnommen werden,

2. Proben von Gegenständen mit Spurenmaterial vermisster Personen genommen werden und

3. die Proben nach den Nummern 1 und 2 molekulargenetisch untersucht werden.

Für die Entnahme der Körperzellen gilt § 81a Absatz 1 Satz 2 der Strafprozessordnung entsprechend. Die Untersuchungen nach Satz 2 Nummer 3 sind auf die Feststellung des DNA-Identifizierungsmusters und des Geschlechts zu beschränken. Entnommene Körperzellen sind unverzüglich zu vernichten, wenn sie für die Untersuchung nach Satz 2 nicht mehr benötigt werden. Die DNA-Identifizierungsmuster können zum Zweck des Abgleichs in einem Dateisystem gespeichert werden. Sie sind unverzüglich zu löschen, wenn sie zur Identitätsfeststellung nach Satz 1 nicht mehr benötigt werden.

(2) Molekulargenetische Untersuchungen bedürfen der richterlichen Anordnung auf Antrag der Leitung der zuständigen Polizeibehörde. Im Antrag sind anzugeben:

1. soweit wie möglich eine Beschreibung zur Person, gegen die sich die Maßnahme richtet,
2. Art und Umfang der Maßnahme,
3. der Sachverhalt,
4. eine Begründung.

(3) Die Anordnung ergeht schriftlich. In ihr sind anzugeben:

1. soweit wie möglich eine Beschreibung zur Person, gegen die sich die Maßnahme richtet,
2. Art und Umfang der Maßnahme,
3. die Gründe.

Für die Durchführung der Untersuchungen gilt § 81f Absatz 2 der Strafprozessordnung entsprechend.

§ 32 Einsatz technischer Mittel zur offenen Bild- und Tonaufnahme sowie zur Bild- und Tonaufzeichnung

(1) Bei oder im Zusammenhang mit öffentlichen Veranstaltungen oder Ansammlungen, die nicht dem Versammlungsgesetz unterliegen, können personenbezogene Daten offen auch durch den Einsatz technischer Mittel

1. zur Bild- und Tonaufzeichnung über die in § 69 und § 70 genannten Personen erhoben werden, wenn Tatsachen die Annahme rechtfertigen, dass dabei Straftaten begangen werden oder
2. zur Bildaufnahme erhoben werden, wenn Tatsachen die Annahme rechtfertigen, dass dabei Straftaten begangen werden, oder zur Übersichtsaufnahme erhoben werden, wenn dies zur Lenkung und Leitung des Einsatzes erforderlich ist. Übersichtsaufzeichnungen und die gezielte Feststellung der Identität einer auf diesen Aufzeichnungen abgebildeten Person sind nur unter den Voraussetzungen der Nummer 1 zulässig; die Identitätsfeststellung darf nur durch die Polizei erfolgen.

(2) An öffentlich zugänglichen Orten dürfen personenbezogene Daten offen mit technischen Mitteln zur Bildaufnahme erhoben werden, wenn und solange Tatsachen die Annahme rechtfertigen, dass an diesen ein die öffentliche Sicherheit schädigendes Ereignis in absehbarer Zeit mit hinreichender Wahrscheinlichkeit eintreten wird.

(3) Darüber hinaus dürfen personenbezogene Daten offen mit technischen Mitteln zur Bildaufzeichnung erhoben werden, soweit an öffentlich zugänglichen Orten wiederholt Straftaten begangen worden sind und Tatsachen die Annahme rechtfertigen, dass dort künftig mit der Begehung von Straftaten zu rechnen ist.

(4) An oder in den in § 29 Absatz 1 Satz 2 Nummer 2 und 3 genannten Objekten dürfen personenbezogene Daten offen mit technischen Mitteln zur Bild- und Tonaufzeichnung erhoben werden, soweit Tatsachen die Annahme rechtfertigen, dass an oder in Objekten dieser Art Straftaten begangen werden sollen, durch die Personen, diese Objekte oder andere darin befindliche Sachen gefährdet sind.

(5) Maßnahmen nach Absatz 2 bis 4 bedürfen der schriftlichen Anordnung durch die Leitung der zuständigen Behörde. In ihr sind anzugeben:

1. Art, Umfang und Dauer der Maßnahme, einschließlich einer Bezeichnung der Orte beziehungsweise Objekte, auf die sich die Maßnahme erstreckt,
2. die Gründe.

Über die Anordnung ist die oder der Landesbeauftragte für den

Datenschutz unverzüglich zu unterrichten.

(6) Die Datenverarbeitung kann auch dann erfolgen, wenn Dritte (§ 3 Absatz 4 Nummer 2) unvermeidbar betroffen sind. Auf eine Datenverarbeitung nach Absatz 1 bis 4 ist in geeigneter Weise hinzuweisen, soweit diese nicht offenkundig ist oder Gefahr im Verzug besteht. Eine wegen Gefahr im Verzug unterbliebene Mitteilung ist unverzüglich nachzuholen.

(7) Aufzeichnungen nach Absatz 1 sind spätestens einen Monat nach ihrer Erhebung zu löschen. Aufzeichnungen nach Absatz 3 und 4 sind spätestens zwei Wochen nach ihrer Erhebung zu löschen. Satz 1 und 2 gelten nicht, soweit nach diesem Gesetz eine Weiterverarbeitung zulässig ist oder § 45 Absatz 3 eine Einschränkung der Verarbeitung vorsieht.

(8) Die Polizei kann an öffentlichen Orten technische Mittel zur offenen Bild- und Tonaufzeichnung in oder an Fahrzeugen der Polizei einsetzen, soweit und solange im Rahmen der Gefahrenabwehr und bei der Verfolgung von Straftaten und Ordnungswidrigkeiten mit hinreichender Wahrscheinlichkeit zu erwarten ist, dass dies zum Schutz der Polizeivollzugsbeamtinnen oder Polizeivollzugsbeamten oder Dritten (§ 3 Absatz 4 Nummer 2) gegen eine Gefahr für Leib oder Leben erforderlich ist. Absatz 6 und Absatz 7 Satz 2 und 3 gelten entsprechend.

(9) Die Polizei kann in den für die Durchführung der Gewahrsamnahme genutzten polizeilichen Räumen durch den offenen Einsatz technischer Mittel Bild- und Tonaufzeichnungen anfertigen, soweit Tatsachen die Annahme rechtfertigen, dass dies zum Schutz der dort befindlichen Personen gegen eine Gefahr für Leib oder Leben erforderlich ist. Absatz 6 und Absatz 7 Satz 2 und 3 gelten entsprechend.

(10) Die Polizei darf durch den offenen Einsatz technischer Mittel Bild- und Tonaufzeichnungen zur Suche von Personen, deren Leben oder Gesundheit gefährdet ist, anfertigen, wenn die Erfüllung der polizeilichen Aufgabe auf andere Weise aussichtslos oder wesentlich erschwert wäre. Absatz 6 gilt entsprechend. Nach Abschluss der Maßnahme sind die erhobenen personenbezogenen Daten unverzüglich zu löschen. Dies gilt nicht, soweit nach diesem Gesetz eine Weiterverarbeitung zulässig ist oder § 45 Absatz 3 eine Einschränkung der Verarbeitung vorsieht.

§ 32a Einsatz körpernah getragener Aufnahmegeräte

(1) Die Polizei kann an öffentlich zugänglichen Orten für die Dauer von bis zu 60 Sekunden Daten durch Anfertigen von Bild- und Tonaufzeichnungen offen mittels körpernah getragener Aufnahmegeräte im Zwischenspeicher erheben, soweit und solange im Rahmen der Gefahrenabwehr und bei der Verfolgung von Straftaten und Ordnungswidrigkeiten mit hinreichender Wahrscheinlichkeit zu erwarten ist, dass dies zum Schutz der Polizeivollzugsbeamtinnen oder Polizeivollzugsbeamten oder Dritter (§ 3 Absatz 4 Nummer 2) gegen eine Gefahr für Leib oder Leben erforderlich ist. Die im Zwischenspeicher erhobenen Daten werden spätestens nach Ablauf von 60 Sekunden automatisch gelöscht, soweit ihre Speicherung nicht nach Absatz 2 zulässig ist.

(2) Die Polizei kann darüber hinaus an öffentlich zugänglichen Orten im Rahmen der Gefahrenabwehr und bei der Verfolgung von Straftaten und Ordnungswidrigkeiten Daten durch Anfertigen von Bild- und Tonaufzeichnungen offen mittels körpernah getragener Aufnahmegeräte auf einem dauerhaften Speichermedium erheben, soweit und solange Tatsachen die Annahme rechtfertigen, dass dies zum Schutz der Polizeivollzugsbeamtinnen oder Polizeivollzugsbeamten oder Dritter (§ 3 Absatz 4 Nummer 2) gegen eine im Einzelfall bevorstehende Gefahr für Leib oder Leben erforderlich ist. In diesem Fall dürfen die nach Absatz 1 Satz 1 erhobenen Daten auf das dauerhafte Speichermedium übertragen werden.

(3) In Wohn- und Geschäftsräumen sowie in oder von befriedetem Besitztum gilt Absatz 1 entsprechend. Eine dauerhafte Datenerhebung nach Absatz 2 ist in Wohn- und Geschäftsräumen sowie auf einem befriedeten Besitztum nur zulässig, soweit und solange Tatsachen die Annahme rechtfertigen, dass dies zum Schutz der Polizeivollzugsbeamtinnen oder Polizeivollzugsbeamten oder Dritter (§ 3 Absatz 4 Nummer 2) gegen eine gegenwärtige Gefahr für Leib oder Leben erforderlich ist.

(4) § 32 Absatz 6 gilt entsprechend.

(5) Aufzeichnungen sind verschlüsselt sowie manipulationssicher anzufertigen und aufzubewahren. Aufzeichnungen, die nach Absatz 3 oder in Fällen einer Unterbrechung nach § 26a Absatz 3 angefertigt wurden, sind besonders zu kennzeichnen. Auf dem dauerhaften Speichermedium gespeicherte Daten sind nach Ablauf von zwei Wochen nach ihrer

Erhebung zu löschen; § 32 Absatz 7 Satz 3 gilt entsprechend.

(6) Das Ministerium für Inneres und Europa regelt das Nähere durch Verwaltungsvorschrift. Die Vorschriften des Versammlungsrechts bleiben unberührt.

§ 33 Besondere Mittel der Datenerhebung

(1) Besondere Mittel der Datenerhebung sind

1. die planmäßig angelegte Beobachtung, die durchgehend länger als 24 Stunden dauert oder an mehr als zwei Tagen stattfinden soll (längerfristige Observation),
2. der verdeckte Einsatz technischer Mittel, insbesondere solcher zur Bild- und Tonaufnahme oder Bild- und Tonaufzeichnung,
3. der Einsatz von Personen, deren Zusammenarbeit mit der Polizei den Betroffenen und Dritten (§ 3 Absatz 4 Nummer 2) nicht bekannt ist (Vertrauenspersonen),
4. der Einsatz von Polizeivollzugsbeamtinnen und Polizeivollzugsbeamten unter einer ihnen verliehenen, auf Dauer angelegten, veränderten Identität (verdeckt Ermittelnde).

(2) Mittel des Absatzes 1 können nur angewandt werden, wenn Tatsachen die Annahme der Begehung von Straftaten von erheblicher Bedeutung (§ 49) rechtfertigen und die Aufklärung des Sachverhaltes zum Zwecke der Verhütung solcher Straftaten oder ihrer möglichen Verfolgung ansonsten unmöglich oder wesentlich erschwert wäre. In diesem Fall kann die Polizei mit den Mitteln des Absatzes 1 Daten erheben über

1. Personen, bei denen Tatsachen die Annahme rechtfertigen, dass sie eine Straftat nach Satz 1 begehen oder sich an einer solchen beteiligen werden oder
2. Personen nach § 27 Absatz 3 Nummer 2.

Mittel nach Absatz 1 können bei Vorliegen der Voraussetzungen des § 67a Absatz 1 auch gegenüber den dort genannten Personen sowie Personen nach § 27 Absatz 3 Nummer 2 eingesetzt werden, wenn die Aufklärung des Sachverhaltes zum Zwecke der Verhütung terroristischer Straftaten (§ 67c) oder ihrer möglichen Verfolgung ansonsten unmöglich oder wesentlich erschwert wäre. Brief-, Post- und Fernmeldegeheimnis bleiben unberührt.

(3) Abweichend von Absatz 2 können Mittel nach Absatz 1 Nummer 2 eingesetzt werden, wenn dies ausschließlich dem Schutz der bei einem polizeilichen Einsatz tätigen Personen dient.

(4) Die Maßnahmen nach Absatz 1 und 3 dürfen auch durchgeführt werden, wenn Dritte (§ 3 Absatz 4 Nummer 2) unvermeidbar betroffen sind.

(5) Verdeckt Ermittelnde dürfen unter der Legende mit Einverständnis der berechtigten Person deren Wohnung betreten. Im Übrigen richten sich die Befugnisse verdeckt Ermittelnder nach diesem Gesetz oder anderen Rechtsvorschriften.

(6) Soweit es für den Aufbau und zur Aufrechterhaltung der Legende verdeckt Ermittelnder unerlässlich ist, können entsprechende Urkunden hergestellt, verändert und gebraucht werden. Die Unerlässlichkeit stellt die Behörde fest, die die verdeckt Ermittelnden einsetzt. Verdeckt Ermittelnde dürfen unter der Legende zur Erfüllung ihres Auftrages am Rechtsverkehr teilnehmen.

§ 33a Verfahren beim Einsatz besonderer Mittel der Datenerhebung

(1) Maßnahmen nach § 33 bedürfen in den Fällen des

1. Absatz 1 Nummer 1,
2. Absatz 1 Nummer 2, bei denen durchgehend länger als 24 Stunden oder an mehr als zwei Tagen Bildaufzeichnungen bestimmter Personen angefertigt werden sollen,
3. Absatz 1 Nummer 2 zum Abhören oder Aufzeichnen des nicht öffentlich gesprochenen Wortes,
4. Absatz 1 Nummer 2, bei denen für Observationszwecke bestimmte technische Mittel durchgehend länger als 24 Stunden oder an mehr als zwei Tagen zum Einsatz kommen, und
5. Absatz 1 Nummer 3 und 4, die sich gegen eine bestimmte Person richten oder bei denen Vertrauenspersonen oder verdeckt Ermittelnde eine Wohnung betreten, die nicht allgemein zugänglich ist,

der richterlichen Anordnung auf Antrag der Leitung der zuständigen Polizeibehörde. Bei Gefahr im Verzug für Leib, Leben oder Freiheit einer Person kann die Leitung der zuständigen Polizeibehörde diese Maßnahme anordnen; eine richterliche Entscheidung ist unverzüglich nachzuholen. Soweit die Anordnung nach Satz 2 nicht binnen drei Tagen durch das Gericht bestätigt wird, tritt sie außer Kraft. Die Anordnung der sonstigen Maßnahmen nach § 33 Absatz 1 erfolgt außer bei Gefahr im Verzug durch die Leitung der zuständigen Polizeibehörde oder durch eine von ihr besonders beauftragte Beamtin oder einen besonders beauftragten Beamten.

(2) Im Antrag sind anzugeben:

1. die Person, gegen die sich die Maßnahme richtet, soweit möglich mit Namen und Anschrift,
2. Art, Umfang und Dauer der Maßnahme,
3. der Sachverhalt sowie
4. eine Begründung.

(3) Die Anordnung ergeht schriftlich; in Fällen von Gefahr im Verzug ist sie unverzüglich nachträglich zu dokumentieren. In ihr sind anzugeben:

1. die Person, gegen die sich die Maßnahme richtet, soweit möglich mit Namen und Anschrift,
2. Art, Umfang und Dauer der Maßnahme sowie
3. die Gründe.

Die Anordnung ist auf höchstens drei Monate zu befristen; im Falle des § 33 Absatz 1 Nummer 3 und 4 ist die Maßnahme auf höchstens sechs Monate zu befristen. Die Verlängerung der Maßnahme um jeweils denselben Höchstzeitraum bedarf einer neuen Anordnung.

(4) Daten, die ausschließlich über andere als die in § 33 Absatz 2 oder 4 oder in § 26b genannten Personen erhoben worden sind, sind unverzüglich zu löschen. Dies gilt nicht, wenn die nach § 33 Absatz 2 erhobenen Daten zur Verfolgung von Straftaten benötigt werden. Satz 1 gilt ferner nicht, soweit die nach § 26b erhobenen Daten aufgrund gesetzlicher

Bestimmungen verwendet werden dürfen.

(5) Maßnahmen nach § 33 Absatz 3 kann die Einsatzleitung anordnen. Aufzeichnungen sind unverzüglich nach Beendigung des Einsatzes zu löschen. Dies gilt nicht, soweit nach diesem Gesetz eine Weiterverarbeitung zulässig ist oder § 45 Absatz 3 eine Einschränkung der Verarbeitung vorsieht.

§ 33b Einsatz technischer Mittel zur Wohnraumüberwachung

(1) Die Polizei kann zur Abwehr einer gegenwärtigen Gefahr für Leib, Leben oder Freiheit einer Person oder solche Güter der Allgemeinheit, deren Bedrohung die Grundlagen oder den Bestand des Bundes oder eines Landes oder die Grundlagen der Existenz der Menschen berührt, durch den verdeckten Einsatz technischer Mittel in oder aus der Wohnung einer Person, die für diese Gefahr verantwortlich ist, deren nichtöffentlich gesprochenes Wort abhören und aufzeichnen sowie von ihr Lichtbilder und Bildaufzeichnungen herstellen, soweit die Abwehr der Gefahr ansonsten unmöglich oder wesentlich erschwert wäre. Diese Maßnahmen dürfen auch unter den Voraussetzungen des § 67a Absatz 1 gegen die dort genannten Personen durchgeführt werden, soweit die Abwehr der dort bezeichneten Gefahr ansonsten unmöglich oder wesentlich erschwert wäre.

(2) In Wohnungen anderer Personen ist die Maßnahme nur zulässig, wenn Tatsachen die Annahme rechtfertigen, dass

1. sich eine Person im Sinne des Absatzes 1 dort aufhält und
2. die Maßnahme in der Wohnung dieser Person allein nicht zur Abwehr der Gefahr oder zur Verhütung einer Straftat nach Absatz 1 führen wird.

(3) Die Maßnahmen nach Absatz 1 und 2 dürfen auch durchgeführt werden, wenn Dritte (§ 3 Absatz 4 Nummer 2) unvermeidbar betroffen sind. Bei der Beurteilung nach § 26a Absatz 1 ist insbesondere auf die Art der zu überwachenden Räumlichkeiten und das Verhältnis der dort anwesenden Personen zueinander abzustellen.

(4) Die Maßnahmen nach Absatz 1 und 2 bedürfen der richterlichen Anordnung auf Antrag der Leitung der zuständigen Polizeibehörde. Bei

Gefahr im Verzug kann die Leitung der zuständigen Polizeibehörde die Maßnahme anordnen; eine richterliche Entscheidung ist unverzüglich nachzuholen. Soweit die Anordnung nach Satz 2 nicht binnen drei Tagen durch das Gericht bestätigt wird, tritt sie außer Kraft.

(5) Im Antrag sind anzugeben:

1. die Person, gegen die sich die Maßnahme richtet, soweit möglich mit Namen und Anschrift,
2. die zu überwachende Wohnung oder die zu überwachenden Wohnräume,
3. Art, Umfang und Dauer der Maßnahme,
4. der Sachverhalt sowie
5. eine Begründung.

(6) Die Anordnung ergeht schriftlich; in Fällen von Gefahr im Verzug ist sie unverzüglich nachträglich zu dokumentieren. In ihr sind anzugeben:

1. die Person, gegen die sich die Maßnahme richtet, soweit möglich mit Namen und Anschrift,
2. die zu überwachende Wohnung oder die zu überwachenden Wohnräume,
3. Art, Umfang und Dauer der Maßnahme sowie
4. die Gründe.

Die Anordnung ist auf höchstens einen Monat zu befristen. Eine Verlängerung um jeweils nicht mehr als einen Monat ist zulässig, soweit die Voraussetzungen der Anordnung unter Berücksichtigung der gewonnenen Erkenntnisse fortbestehen. Liegen die Voraussetzungen der Anordnung nicht mehr vor, sind die aufgrund der Anordnung ergriffenen Maßnahmen unverzüglich zu beenden.

(7) Das anordnende Gericht ist über den Verlauf und die Ergebnisse zu unterrichten; es entscheidet unverzüglich über die Rechtmäßigkeit der Datenverarbeitung. Sofern die Voraussetzungen der Anordnung nicht mehr vorliegen, ordnet es die Beendigung der Maßnahme an, soweit

diese nicht bereits durch die Leitung der zuständigen Polizeibehörde veranlasst wurde.

(8) Bei Gefahr im Verzug entscheidet über die Verwendung erhobener Daten die Leitung der zuständigen Polizeibehörde; eine richterliche Entscheidung nach Absatz 7 Satz 1 ist unverzüglich nachzuholen. Bei der Sichtung der erhobenen Daten kann sie sich der technischen Unterstützung von zwei weiteren Bediensteten der Behörde bedienen. Die Bediensteten sind zur Verschwiegenheit über die ihnen bekannt gewordenen Erkenntnisse, die nicht verwertet werden dürfen, verpflichtet. Sind Daten an andere Stellen übermittelt worden und wurde die Rechtmäßigkeit dieser Datenerhebung nicht richterlich bestätigt, ist § 45 Absatz 5 zu beachten.

(9) § 33 Absatz 3 und § 33a Absatz 5 gelten entsprechend.

§ 33c Einsatz technischer Mittel zum Eingriff in informationstechnische Systeme

(1) Die Polizei darf durch den verdeckten Einsatz technischer Mittel in von der betroffenen Person genutzte informationstechnische Systeme eingreifen und aus ihnen Daten erheben, wenn Tatsachen die Annahme rechtfertigen, dass eine Gefahr vorliegt für

1. Leib, Leben oder Freiheit einer Person oder
2. solche Güter der Allgemeinheit, deren Bedrohung die Grundlagen oder den Bestand des Bundes oder eines Landes oder die Grundlagen der Existenz der Menschen berührt.

Eine Maßnahme nach Satz 1 ist auch zulässig, wenn die Voraussetzungen des § 67a Absatz 1 vorliegen. Die Maßnahme darf sich nur gegen eine Person richten, die für eine Gefahr verantwortlich ist. In informationstechnische Systeme anderer Personen darf die Maßnahme nur eingreifen, wenn Tatsachen die Annahme rechtfertigen, dass eine nach Satz 1 oder 2 betroffene Person dort ermittlungsrelevante Informationen speichert.

(2) Die Maßnahme darf nur durchgeführt werden, wenn die Abwehr der Gefahr ansonsten aussichtslos oder wesentlich erschwert wäre. Sie darf auch durchgeführt werden, wenn Dritte (§ 3 Absatz 4 Nummer 2) unvermeidbar betroffen sind. § 26a gilt mit der zusätzlichen Maßgabe,

dass, soweit möglich, technisch sicherzustellen ist, dass Daten, die den Kernbereich privater Lebensgestaltung betreffen, nicht erhoben werden.

(3) Es ist technisch sicherzustellen, dass

1. an dem informationstechnischen System nur Veränderungen vorgenommen werden, die für die Datenerhebung unerlässlich sind, und

2. die vorgenommenen Veränderungen bei Beendigung der Maßnahme, soweit technisch möglich, automatisiert rückgängig gemacht werden.

Das eingesetzte Mittel ist nach dem Stand der Technik gegen unbefugte Nutzung zu schützen. Kopierte Daten sind nach dem Stand der Technik gegen Veränderung, unbefugte Löschung und unbefugte Kenntnisnahme zu schützen.

(4) Unter den Voraussetzungen des Absatzes 1 dürfen technische Mittel eingesetzt werden, um zur Vorbereitung einer Maßnahme nach Absatz 1 die erforderlichen Daten, wie insbesondere spezifische Kennungen, sowie den Standort eines informationstechnischen Systems zu ermitteln. Personenbezogene Daten Dritter (§ 3 Absatz 4 Nummer 2) dürfen dabei nur erhoben werden, wenn dies aus technischen Gründen unvermeidbar ist.

(5) Das verdeckte Durchsuchen von Sachen sowie das verdeckte Betreten und Durchsuchen von Räumlichkeiten der betroffenen Personen sind zulässig, soweit dies zur Durchführung von Maßnahmen nach Absatz 1 und 4 erforderlich ist.

(6) Die Maßnahmen nach Absatz 1 und 4, auch soweit ein Fall des Absatzes 5 vorliegt, bedürfen der richterlichen Anordnung auf Antrag der Leitung der zuständigen Polizeibehörde.

(7) Im Antrag sind anzugeben:

1. die Person, gegen die sich die Maßnahme richtet, soweit möglich mit Namen und Anschrift,

2. eine möglichst genaue Bezeichnung des informationstechnischen Systems, in das zur Datenerhebung eingegriffen werden soll,

3. in Fällen des Absatzes 5, soweit möglich, auch eine Bezeichnung der Sachen und die Anschrift der Räumlichkeiten der betroffenen Personen,

4. Art, Umfang und Dauer der Maßnahme,

5. der Sachverhalt sowie

6. eine Begründung.

(8) Die Anordnung ergeht schriftlich. In ihr sind anzugeben:

1. die Person, gegen die sich die Maßnahme richtet, soweit möglich mit Namen und Anschrift,

2. eine möglichst genaue Bezeichnung des informationstechnischen Systems, in das zur Datenerhebung eingegriffen werden soll,

3. in Fällen des Absatzes 5, soweit möglich, auch eine Bezeichnung der Sachen und die Anschrift der Räumlichkeiten der betroffenen Personen,

4. Art, Umfang und Dauer der Maßnahme unter Benennung des Endzeitpunktes sowie

5. die Gründe.

Die Anordnung ist auf höchstens drei Monate zu befristen. Eine Verlängerung um jeweils nicht mehr als einen Monat ist zulässig, soweit die Anordnungsvoraussetzungen unter Berücksichtigung der gewonnenen Erkenntnisse fortbestehen. Liegen die Voraussetzungen der Anordnung nicht mehr vor, sind die aufgrund der Anordnung ergriffenen Maßnahmen unverzüglich zu beenden.

(9) Das anordnende Gericht ist über den Verlauf und die Ergebnisse zu unterrichten; es entscheidet unverzüglich über die Rechtmäßigkeit der Datenverarbeitung. Sofern die Voraussetzungen der Anordnung nicht mehr vorliegen, ordnet es die Beendigung der Maßnahme an, soweit diese nicht bereits durch die Leitung der zuständigen Polizeibehörde veranlasst wurde.

(10) Bei Gefahr im Verzug entscheidet über die Verwendung erhobener Daten die Leitung der zuständigen Polizeibehörde; eine richterliche Entscheidung nach Absatz 9 Satz 1 ist unverzüglich nachzuholen. Bei der

Sichtung der erhobenen Daten kann sie sich der technischen Unterstützung von zwei weiteren Bediensteten der Behörde bedienen. Die Bediensteten sind zur Verschwiegenheit über die ihnen bekannt gewordenen Erkenntnisse, die nicht verwertet werden dürfen, verpflichtet. Sind Daten an andere Stellen übermittelt worden und wurde die Rechtmäßigkeit dieser Datenerhebung nicht richterlich bestätigt, ist § 45 Absatz 5 zu beachten.

§ 33d Einsatz technischer Mittel zur Überwachung der Telekommunikation

(1) Die Polizei kann ohne Wissen der betroffenen Person personenbezogene Daten durch den Einsatz technischer Mittel zur Überwachung und Aufzeichnung der Telekommunikation erheben über

1. die für eine Gefahr Verantwortlichen, wenn dies zur Abwehr einer im einzelnen Falle bevorstehenden Gefahr für Leib, Leben oder Freiheit einer Person oder solche Güter der Allgemeinheit, deren Bedrohung die Grundlagen oder den Bestand des Bundes oder eines Landes oder die Grundlagen der Existenz der Menschen berührt, erforderlich ist oder
2. Verantwortliche für eine Gefahr nach § 67a Absatz 1 oder
3. Personen, bei denen Tatsachen die Annahme rechtfertigen, dass sie für eine Person nach Nummer 1 oder 2 bestimmte oder von dieser herrührende Mitteilungen entgegennehmen oder weitergeben oder
4. Personen, bei denen Tatsachen die Annahme rechtfertigen, dass eine Person nach Nummer 1 oder 2 deren Telekommunikationsanschluss oder Endgerät benutzen wird oder
5. Personen, deren Leben oder Gesundheit gefährdet ist.

Datenerhebungen nach Satz 1 dürfen nur durchgeführt werden, wenn die Erfüllung der polizeilichen Aufgabe auf andere Weise aussichtslos oder wesentlich erschwert wäre. Die Maßnahme darf auch durchgeführt werden, wenn Dritte (§ 3 Absatz 4 Nummer 2) unvermeidbar betroffen sind.

(2) Eine Datenerhebung nach Absatz 1 kann sich auf

a) die Inhalte und Umstände der Telekommunikation oder

b) Verkehrs- und Standortdaten im Sinne des Telekommunikationsgesetzes

beziehen. Unter den Voraussetzungen des Absatzes 1 kann die Polizei auch Auskunft über die Verkehrs- und Standortdaten in einem zurückliegenden Zeitraum verlangen. Die Erhebung aller in einer Funkzelle angefallenen Verkehrsdaten (Funkzellenabfrage) ist nicht zulässig.

(3) Die Überwachung und Aufzeichnung der Telekommunikation darf auch in der Weise erfolgen, dass verdeckt mit technischen Mitteln in von der betroffenen Person genutzte informationstechnische Systeme eingegriffen wird, wenn

1. durch technische Maßnahmen sichergestellt ist, dass ausschließlich laufende Telekommunikation überwacht und aufgezeichnet wird und

2. der Eingriff in das informationstechnische System notwendig ist, um die Überwachung und Aufzeichnung der Telekommunikation insbesondere auch in unverschlüsselter Form zu ermöglichen.

Auf dem informationstechnischen System der betroffenen Person gespeicherte Inhalte und Umstände der Kommunikation dürfen überwacht und aufgezeichnet werden, wenn sie auch während des laufenden Übertragungsvorgangs im öffentlichen Telekommunikationsnetz in verschlüsselter Form hätten überwacht und aufgezeichnet werden können. § 33c Absatz 3 und 5 gilt entsprechend. § 33c bleibt im Übrigen unberührt.

(4) Die Maßnahmen bedürfen der richterlichen Anordnung auf Antrag der Leitung der zuständigen Polizeibehörde. Bei Gefahr im Verzug für Leib, Leben oder Freiheit einer Person kann die Leitung der zuständigen Polizeibehörde oder eine von ihr besonders beauftragte Beamtin oder ein von ihr besonders beauftragter Beamter die Maßnahme anordnen; eine richterliche Entscheidung ist unverzüglich nachzuholen. Soweit die Anordnung nach Satz 2 nicht binnen drei Tagen durch das Gericht bestätigt wird, tritt sie außer Kraft.

(5) Im Antrag sind anzugeben:

1. die Person, gegen die sich die Maßnahme richtet, soweit möglich mit Namen und Anschrift,

2. soweit möglich die Rufnummer oder eine andere Kennung des zu überwachenden Anschlusses oder des Endgeräts, sofern nicht Tatsachen die Annahme rechtfertigen, dass diese Rufnummer oder andere Kennung zugleich einem anderen Endgerät zugeordnet ist,

3. Art, Umfang und Dauer der Maßnahme,

4. im Falle des Absatzes 3 auch eine möglichst genaue Bezeichnung des informationstechnischen Systems, in das zur Datenerhebung eingegriffen werden soll, und in den Fällen der entsprechenden Anwendung des § 33c Absatz 5, soweit möglich, auch eine Bezeichnung der Sachen und die Anschrift der Räumlichkeiten der betroffenen Person,

5. der Sachverhalt sowie

6. eine Begründung.

(6) Die Anordnung ergeht schriftlich. In ihr sind anzugeben:

1. die Person, gegen die sich die Maßnahme richtet, soweit möglich mit Namen und Anschrift,

2. die Rufnummer oder eine andere Kennung des zu überwachenden Anschlusses oder des Endgeräts, sofern nicht Tatsachen die Annahme rechtfertigen, dass diese Rufnummer oder andere Kennung zugleich einem anderen Endgerät zugeordnet ist,

3. Art, Umfang und Dauer der Maßnahme einschließlich der Uhrzeit der Anordnung,

4. im Falle des Absatzes 3 auch eine möglichst genaue Bezeichnung des informationstechnischen Systems, in das zur Datenerhebung eingegriffen werden soll, und in den Fällen der entsprechenden Anwendung des § 33c Absatz 5, soweit möglich, auch eine Bezeichnung der Sachen und die Anschrift der Räumlichkeiten der betroffenen Person sowie

5. die Gründe.

Bei Gefahr im Verzug kann die Angabe der Gründe unterbleiben; sie ist unverzüglich nachzuholen. Die Anordnung ist auf höchstens drei Monate zu befristen. Eine Verlängerung um jeweils nicht mehr als drei weitere Monate ist zulässig, soweit die Voraussetzungen der Anordnung unter Berücksichtigung der gewonnenen Erkenntnisse fortbestehen. Liegen die Voraussetzungen der Anordnung nicht mehr vor, sind die aufgrund der Anordnung ergriffenen Maßnahmen unverzüglich zu beenden.

(7) Aufgrund der Anordnung hat jeder Diensteanbieter im Sinne des Telekommunikationsgesetzes der Polizei nach Maßgabe des Telekommunikationsgesetzes und der Telekommunikations-Überwachungsverordnung die Maßnahmen unverzüglich zu ermöglichen und die erforderlichen Auskünfte unverzüglich zu erteilen. Die in Anspruch genommenen Diensteanbieter werden entsprechend § 23 des Justizvergütungs- und -entschädigungsgesetzes entschädigt.

(8) Über die Rechtmäßigkeit erhobener Daten, die im Wege einer automatischen Aufzeichnung ohne zeitgleiche Prüfung, ob der Kernbereich privater Lebensgestaltung berührt ist, erlangt wurden, entscheidet die oder der behördliche Datenschutzbeauftragte. Satz 1 gilt entsprechend, wenn sich bei zeitgleicher Prüfung Tatsachen ergeben, die die Annahme rechtfertigen, dass Erkenntnisse aus dem Kernbereich erfasst werden. Bei Gefahr im Verzug entscheidet über die Verwendung erhobener Daten die Leitung der zuständigen Polizeibehörde oder eine von ihr besonders beauftragte Beamtin oder ein von ihr besonders beauftragter Beamter; eine Entscheidung der oder des behördlichen Datenschutzbeauftragten ist unverzüglich nachzuholen. Soweit personenbezogene Daten Dritter (§ 3 Absatz 4 Nummer 2) erhoben worden sind, sind diese unverzüglich nach der Entscheidung zur Datenweiterverarbeitung zu löschen, soweit dies technisch möglich ist. Sind in den Fällen des Satzes 3 Daten an andere Stellen übermittelt worden und wurde die Rechtmäßigkeit dieser Datenerhebung nicht von der oder dem behördlichen Datenschutzbeauftragten festgestellt, ist § 45 Absatz 5 anzuwenden.

§ 33e Auskunft über Nutzungsdaten

(1) Die Polizei kann unter den Voraussetzungen des § 33d Absatz 1 über die dort genannten Personen Auskünfte über Nutzungsdaten gemäß § 15 Absatz 1 Satz 2 Nummer 2 und 3 des Telemediengesetzes verlangen. Die Auskunft kann auch über zukünftige Nutzungsdaten angeordnet werden.

(2) Für die Anordnung der Maßnahme gilt § 33d Absatz 4 bis 6

entsprechend.

(3) Aufgrund der Anordnung hat jeder Diensteanbieter im Sinne des Telemediengesetzes der Polizei unverzüglich Auskunft über die Nutzungsdaten auf dem von ihr bestimmten Weg zu erteilen. § 33d Absatz 7 Satz 2 gilt entsprechend.

§ 33f Identifizierung und Lokalisierung von Mobilfunkkarten und -endgeräten

(1) Die Polizei kann unter den Voraussetzungen des § 33d Absatz 1 durch technische Mittel

1. die Gerätenummer eines Mobilfunkendgeräts und die Kartennummer der darin verwendeten Karte sowie
2. den Standort eines Mobilfunkendgeräts

ermitteln. Personenbezogene Daten Dritter (§ 3 Absatz 4 Nummer 2) dürfen anlässlich einer Maßnahme nach Satz 1 nur erhoben werden, wenn dies aus technischen Gründen zur Erreichung des Zwecks nach Satz 1 unvermeidbar ist. Über den Datenabgleich zur Ermittlung der gesuchten Geräte- und Kartennummer hinaus dürfen sie nicht verwendet werden und sind nach Beendigung der Maßnahme unverzüglich zu löschen.

(2) Für die Anordnung der Maßnahme gilt § 33d Absatz 4 bis 6 entsprechend.

(3) Aufgrund der Anordnung einer Maßnahme nach Absatz 1 Satz 1 Nummer 2 hat jeder Diensteanbieter im Sinne des Telekommunikationsgesetzes der Polizei unverzüglich die für die Ermittlung des Standortes des Mobilfunkendgeräts erforderliche Geräte- und Kartennummer mitzuteilen. § 33d Absatz 7 Satz 2 gilt entsprechend.

§ 33g Unterbrechung oder Verhinderung der Telekommunikation

(1) Die Polizei kann unter den Voraussetzungen des § 33d Absatz 1 Satz 1 Nummer 1 bis 4 und Satz 2 durch technische Mittel Telekommunikationsverbindungen unterbrechen oder verhindern. Die Maßnahme darf auch durchgeführt werden, wenn Telekommunikationsverbindungen Dritter (§ 3 Absatz 4 Nummer 2) unvermeidbar unterbrochen oder

verhindert werden.

(2) Die Polizei kann unter den Voraussetzungen des Absatzes 1 Telekommunikationsverbindungen auch ohne Kenntnis der Rufnummer oder einer anderen Kennung des betreffenden Anschlusses oder des Endgeräts unterbrechen oder verhindern, sofern anderenfalls die Erreichung des Zwecks der Maßnahme nach Absatz 1 auf andere Weise aussichtslos oder wesentlich erschwert wäre.

(3) Für die Anordnung gilt § 33d Absatz 4 entsprechend.

(4) Im Antrag sind anzugeben:

1. die Person, gegen die sich die Maßnahme richtet, soweit möglich mit Namen und Anschrift,
2. soweit möglich die Rufnummer oder eine andere Kennung des zu überwachenden Anschlusses oder des Endgeräts, sofern nicht Tatsachen die Annahme rechtfertigen, dass diese Rufnummer oder andere Kennung zugleich einem anderen Endgerät zugeordnet ist,
3. Art, Umfang und Dauer der Maßnahme unter Benennung des Endzeitpunkts,
4. im Fall des Absatzes 2 die möglichst genaue räumliche und zeitliche Bezeichnung der Telekommunikationsverbindungen, die unterbrochen oder verhindert werden sollen,
5. der Sachverhalt sowie
6. eine Begründung.

(5) Die Anordnung ergeht schriftlich. In ihr sind anzugeben:

1. die Person, gegen die sich die Maßnahme richtet, soweit möglich mit Namen und Anschrift,
2. soweit möglich die Rufnummer oder eine andere Kennung des zu überwachenden Anschlusses oder des Endgeräts, sofern nicht Tatsachen die Annahme rechtfertigen, dass diese Rufnummer oder andere Kennung zugleich einem anderen Endgerät zugeordnet ist,
3. Art, Umfang und Dauer der Maßnahme unter Benennung des Endzeitpunkts,

4. im Fall des Absatzes 2 die möglichst genaue räumliche und zeitliche Bezeichnung der Telekommunikationsverbindungen, die unterbrochen oder verhindert werden sollen sowie

5. die Gründe.

§ 33d Absatz 6 Satz 3 bis 6 gilt entsprechend.

§ 33h Auskunft über Bestandsdaten

(1) Die Polizei kann zur Abwehr einer im einzelnen Falle bevorstehenden Gefahr von Diensteanbietern im Sinne des Telekommunikationsgesetzes Auskunft über die nach den §§ 95 und 111 des Telekommunikationsgesetzes oder von Diensteanbietern im Sinne des Telemediengesetzes Auskunft über die nach § 14 Absatz 1 und § 15 Absatz 1 Satz 2 Nummer 1 des Telemediengesetzes erhobenen personenbezogenen Daten verlangen. Bezieht sich das Auskunftsverlangen nach Satz 1 auf Daten, mittels derer der Zugriff auf Endgeräte oder auf Speichereinrichtungen, die in diesen Endgeräten oder hiervon räumlich getrennt eingesetzt werden, geschützt wird, darf die Auskunft nur verlangt werden, wenn die gesetzlichen Voraussetzungen für die Nutzung der Daten vorliegen.

(2) Die Auskunft nach Absatz 1 darf auch anhand einer zu einem bestimmten Zeitpunkt zugewiesenen Internetprotokoll-Adresse sowie weiterer zur Individualisierung erforderlicher technischer Daten verlangt werden.

(3) Aufgrund eines Auskunftsverlangens nach Absatz 1 oder Absatz 2 haben die Diensteanbieter die zur Auskunftserteilung erforderlichen Daten unverzüglich, vollständig und richtig zu übermitteln. § 33d Absatz 7 Satz 2 gilt entsprechend.

§ 34 Einsatz unbemannter Luftfahrtsysteme

Bei den nachfolgenden Maßnahmen dürfen unter Beachtung der dort bestehenden Regelungen Daten auch durch den Einsatz unbemannter Luftfahrtsysteme erhoben werden:

1. offene Bild- und Tonaufnahmen oder Bild- und Tonaufzeichnungen nach § 32 Absatz 1,3,4 und 10,

2. Einsatz besonderer Mittel der Datenerhebung nach § 33,

3. Einsatz technischer Mittel in Wohnungen nach § 33b,

4. Einsatz technischer Mittel zum Eingriff in informationstechnische Systeme nach § 33c,
5. Einsatz technischer Mittel zur Telekommunikationsüberwachung nach den §§ 33d, 33f und 33g.

Eine Datenerhebung mittels unbemannter Luftfahrtsysteme durch eine Vertrauensperson ist unzulässig.

§ 35 Ausschreibung zur polizeilichen Beobachtung und gezielten Kontrolle

(1) Rechtfertigen Tatsachen die Annahme dafür, dass bestimmte Personen Straftaten von erheblicher Bedeutung (§ 49) oder terroristische Straftaten (§ 67c) begehen werden, kann die Polizei zur Verhütung oder zur vorbeugenden Bekämpfung solcher Straftaten personenbezogene Daten, insbesondere die Personalien dieser Personen oder die amtlichen Kennzeichen, die Identifizierungsnummern oder die äußeren Kennzeichnungen der von solchen Personen benutzten oder eingesetzten Kraftfahrzeuge, Wasserfahrzeuge, Luftfahrzeuge oder Container, in einem Dateisystem speichern, damit andere Polizeibehörden Erkenntnisse über das Antreffen sowie über Personen nach § 27 Absatz 3 Nummer 2 bei Gelegenheit einer Überprüfung aus anderem Anlass übermitteln (Ausschreibung zur polizeilichen Beobachtung). Die Maßnahme kann auch durchgeführt werden, wenn die Voraussetzungen des § 67a Absatz 1 vorliegen.

(2) Unter den Voraussetzungen des Absatzes 1 ist auch die Ausschreibung zur gezielten Kontrolle zulässig. Unbeschadet anderer Vorschriften kann die Polizei im Rahmen der gezielten Kontrolle

1. die Identität von Personen feststellen, die sich in einem zur gezielten Kontrolle ausgeschriebenen Fahrzeug oder Container befinden,
2. das zur gezielten Kontrolle ausgeschriebene Fahrzeug oder den Container sowie die darin befindlichen Sachen durchsuchen sowie
3. die zur gezielten Kontrolle ausgeschriebene Person durchsuchen

und die daraus gewonnenen Erkenntnisse an die ausschreibende Polizeibehörde übermitteln. Die für die Identitätsfeststellung sowie die Durchsuchung von Personen und Sachen geltenden Vorschriften sind im

Übrigen anzuwenden.

(3) Die Maßnahmen nach Absatz 1 und 2 bedürfen der Anordnung durch die Leitung der zuständigen Polizeibehörde.

(4) Die Anordnung ergeht schriftlich. In ihr sind anzugeben:

1. die Person, gegen die sich die Maßnahme richtet, soweit möglich mit Namen und Anschrift,
2. sonstige Angaben nach Absatz 1,
3. Art, Umfang und Dauer der Maßnahme sowie
4. die Gründe.

(5) Die Anordnung ist auf höchstens sechs Monate zu befristen. Liegen die Voraussetzungen für die Anordnung nicht mehr vor oder ist der Zweck der Maßnahme erreicht oder zeigt sich, dass er nicht erreicht werden kann, ist die Ausschreibung unverzüglich zu löschen. Eine Verlängerung um jeweils nicht mehr als sechs weitere Monate ist zulässig, soweit die Voraussetzungen der Anordnung fortbestehen. Eine Verlängerung bedarf der gerichtlichen Anordnung nach Maßgabe des Absatzes 1 auf Antrag der Leitung der zuständigen Polizeibehörde; der Antrag muss die Angaben nach Absatz 4 Satz 2 Nummer 1 bis 3 sowie den Sachverhalt und eine Begründung enthalten.

Unterabschnitt 3
Speicherung, Übermittlung und sonstige Verarbeitung personenbezogener Daten (§§ 36 - 44)

§ 36 Zweckbindung, Grundsatz der hypothetischen Datenneuerhebung

(1) Soweit in diesem Gesetz nichts Besonderes geregelt ist, können personenbezogene Daten, die zu Zwecken dieses Gesetzes erhoben wurden, weiterverarbeitet werden, soweit dies zur Erfüllung derselben Aufgabe und zum Schutz derselben Rechtsgüter oder zur Verhütung derselben Straftaten oder Ordnungswidrigkeiten erforderlich ist. Bei personenbezogenen Daten, die durch Maßnahmen zur Wohnraumüberwachung (§ 33b) oder zum Eingriff in informationstechnische Systeme (§ 33c) erlangt wurden, gilt dies mit der Maßgabe, dass im Einzelfall eine

Gefahrenlage im Sinne dieser Vorschriften vorliegt.

(2) Personenbezogene Daten, die zu Zwecken dieses Gesetzes erhoben wurden, können zu anderen Zwecken weiterverarbeitet werden, wenn unter Berücksichtigung der jeweiligen Datenerhebungsvorschrift

1. mindestens

   a) vergleichbar schwerwiegende Straftaten oder Ordnungswidrigkeiten verhütet, aufgedeckt oder verfolgt oder

   b) vergleichbar bedeutsame Rechtsgüter geschützt

   werden sollen und

2. sich im Einzelfall konkrete Ermittlungsansätze

   a) zur Verhütung, Aufdeckung oder Verfolgung solcher Straftaten oder Ordnungswidrigkeiten ergeben oder

   b) zur Abwehr von in einem übersehbaren Zeitraum drohenden Gefahren für mindestens vergleichbar bedeutsame Rechtsgüter erkennen lassen,

soweit Rechtsvorschriften dieses Gesetzes oder anderer Gesetze die zweckändernde Weiterverarbeitung nicht besonders regeln oder wenn andere Rechtsvorschriften dieses Gesetzes oder anderer Gesetze eine Datenerhebung zu dem anderen Zweck mit vergleichbaren Mitteln zulassen. § 37a bleibt unberührt.

(3) Für die Weiterverarbeitung von personenbezogenen Daten, die durch Maßnahmen zur Wohnraumüberwachung (§ 33b) oder zum Eingriff in informationstechnische Systeme (§ 33c) erlangt wurden, gilt Absatz 2 Satz 1 Nummer 2 Buchstabe b mit der Maßgabe entsprechend, dass im Einzelfall eine Gefahrenlage im Sinne dieser Vorschriften vorliegen muss. Lichtbilder oder Bildaufzeichnungen von einer Person, die durch eine Maßnahme zur Wohnraumüberwachung (§ 33b) erlangt wurden, dürfen nicht zu Strafverfolgungszwecken weiterverarbeitet werden.

(4) Abweichend von Absatz 2 können die vorhandenen Grunddaten nach § 3 Absatz 5 Nummer 2 einer Person auch weiterverarbeitet werden, um diese Person zu identifizieren.

(5) Bei der Weiterverarbeitung von personenbezogenen Daten ist durch

organisatorische und technische Vorkehrungen sicherzustellen, dass die Absätze 1 bis 4 beachtet werden.

§ 37 Voraussetzungen der Verarbeitung personenbezogener Daten aus Strafermittlungsverfahren

(1) Die Polizei kann personenbezogene Daten, die sie im Rahmen von Strafermittlungsverfahren über Personen gewonnen hat, die einer Straftat verdächtig sind, unter Beachtung des § 36 Absatz 2 und 3 verarbeiten, soweit dies zur vorbeugenden Bekämpfung von Straftaten erforderlich ist, weil wegen der Art oder Ausführung der Tat, der Persönlichkeit der betroffenen Person oder sonstiger Erkenntnisse die Gefahr der Begehung einer weiteren Straftat besteht. § 37a bleibt unberührt.

(2) Ist der Ausgang des Strafermittlungsverfahrens zum Zeitpunkt der Entscheidung über eine Speicherung nicht bekannt, darf die Dauer der Speicherung zunächst drei Jahre nicht überschreiten. Eine weitere Speicherung darf nur nach erneuter Prüfung des Sachverhalts und nur unter der Voraussetzung erfolgen, dass die Polizei Erkundigungen hinsichtlich des Ausgangs des Verfahrens einholt; entfällt der dem Strafermittlungsverfahren zugrundeliegende Verdacht, so sind die Daten zu löschen.

(3) Die Polizei kann die nach § 27 Absatz 3 erhobenen Daten unter Beachtung des § 36 Absatz 1 bis 3 verarbeiten. Die Speicherungsdauer dieser Daten darf drei Jahre nicht überschreiten. Nach jeweils einem Jahr, gerechnet vom Zeitpunkt ihrer Speicherung, ist zu prüfen, ob die Voraussetzungen einer weiteren Nutzung noch vorliegen; die Entscheidung trifft die Leitung der zuständigen Polizeibehörde oder eine von ihr besonders beauftragte Beamtin oder ein von ihr besonders beauftragter Beamter.

(4) § 36 Absatz 5 gilt entsprechend.

§ 37a Verarbeitung zu Zwecken der wissenschaftlichen und historischen Forschung, Aus- und Fortbildung und Statistik

(1) Personenbezogene Daten, die in oder aus Wohn- oder Geschäftsräumen oder befriedetem Besitztum oder durch eine Maßnahme nach § 33c oder in Fällen des § 26a Absatz 3 oder des § 26b erhoben wurden, dürfen nicht zu Zwecken der wissenschaftlichen oder historischen Forschung

oder der Aus- und Fortbildung weiterverarbeitet werden.

(2) Personenbezogene Daten, die nicht unter Absatz 1 fallen, dürfen zu Zwecken der wissenschaftlichen oder historischen Forschung nach Maßgabe des § 9 des Landesdatenschutzgesetzes weiterverarbeitet werden.

(3) Die Polizei und Ordnungsbehörden können personenbezogene Daten, die nicht unter Absatz 1 fallen, zu Zwecken der Aus- und Fortbildung weiterverarbeiten und an die mit der Aus- und Fortbildung ihrer Beschäftigten beauftragten öffentlichen Stellen übermitteln, wenn auf andere Weise das Ziel der Aus- oder Fortbildung nicht erreichbar ist und nicht überwiegende schutzwürdige Interessen der betroffenen Personen entgegenstehen. Soweit der Zweck der Weiterverarbeitung dieses zulässt und kein unvertretbarer Verwaltungsaufwand entgegensteht, sind diese Daten zu anonymisieren. Für die Übermittlung personenbezogener Daten gilt § 9 Absatz 4 des Landesdatenschutzgesetzes entsprechend.

(4) Personenbezogene Daten dürfen zu statistischen Zwecken nur in anonymisierter Form weiterverarbeitet werden.

§ 38 Weiterverarbeitung personenbezogener Daten zur Vorgangsverwaltung und befristeten Dokumentation

Zur Vorgangsverwaltung oder zur befristeten Dokumentation behördlichen Handelns können personenbezogene Daten gespeichert und nur zu diesem Zweck weiterverarbeitet werden. Die §§ 36 bis 37a sind nicht anzuwenden. Mittel und Umfang der Vorgangsverwaltung werden vom Ministerium für Inneres und Europa im Benehmen mit der oder dem Landesbeauftragten für den Datenschutz durch Verwaltungsvorschrift bestimmt.

§ 39 Grundsätze der Datenübermittlung

(1) Die verantwortliche Stelle hat angemessene Maßnahmen zu ergreifen, um zu gewährleisten, dass personenbezogene Daten, die unrichtig oder nicht mehr aktuell sind, nicht übermittelt oder sonst zur Verfügung gestellt werden. Zu diesem Zweck hat sie, soweit dies mit angemessenem Aufwand möglich ist, die Qualität der Daten vor ihrer Übermittlung oder Bereitstellung zu überprüfen. Bei jeder Übermittlung personenbezogener Daten hat sie zudem, soweit dies möglich und angemessen ist, Informationen beizufügen, die es dem Empfänger gestatten, die

Richtigkeit, die Vollständigkeit und die Zuverlässigkeit der Daten sowie deren Aktualität zu beurteilen.

(2) Gelten für die Verarbeitung von personenbezogenen Daten besondere Bedingungen, so hat bei Datenübermittlungen die übermittelnde Stelle den Empfänger auf diese Bedingungen und die Pflicht zu ihrer Beachtung hinzuweisen. Die Hinweispflicht kann dadurch erfüllt werden, dass die Daten entsprechend gekennzeichnet werden.

(3) Die übermittelnde Stelle darf auf Empfänger in anderen Mitgliedstaaten der Europäischen Union und auf Einrichtungen und sonstige Stellen, die nach den Kapiteln 4 und 5 des Titels V des Dritten Teils des Vertrags über die Arbeitsweise der Europäischen Union errichtet wurden, keine Bedingungen anwenden, die nicht auch für entsprechende innerstaatliche Datenübermittlungen gelten.

§ 39a Datenübermittlungsverbote und Verweigerungsgründe

(1) Die Übermittlung personenbezogener Daten unterbleibt, wenn

1. für die übermittelnde Stelle erkennbar ist, dass unter Berücksichtigung der Art der Daten und ihrer Erhebung die schutzwürdigen Interessen der betroffenen Person das Allgemeininteresse an der Übermittlung überwiegen, oder

2. Weiterverarbeitungsregelungen entgegenstehen; die Verpflichtung zur Wahrung gesetzlicher Geheimhaltungspflichten oder von Berufs- oder besonderen Amtsgeheimnissen, die nicht auf gesetzlichen Vorschriften beruhen, bleibt unberührt.

Satz 1 Nummer 1 gilt nicht für Übermittlungen an die Staatsanwaltschaften.

(2) Die Datenübermittlung an Stellen außerhalb der Bundesrepublik Deutschland unterbleibt darüber hinaus,

1. wenn hierdurch wesentliche Sicherheitsinteressen des Bundes oder der Länder beeinträchtigt würden,

2. wenn hierdurch der Erfolg laufender Ermittlungen oder Leib, Leben oder Freiheit einer Person gefährdet würde,

3. soweit Grund zu der Annahme besteht, dass durch sie gegen den Zweck eines deutschen Gesetzes verstoßen würde, oder

4. wenn Tatsachen die Annahme rechtfertigen, dass die Übermittlung der Daten zu den in der Charta der Grundrechte der Europäischen Union enthaltenen Grundsätzen, insbesondere dadurch, dass durch die Weiterverarbeitung der übermittelten Daten im Empfängerstaat Verletzungen von elementaren rechtsstaatlichen Grundsätzen oder Menschenrechtsverletzungen drohen, in Widerspruch stünde.

(3) Bei der Beurteilung von Ausschluss- und Verweigerungsgründen haben die Behörden insbesondere die nach § 28 Absatz 3 des Bundeskriminalamtgesetzes für den polizeilichen Informationsaustausch und Rechtshilfeverkehr geführte Aufstellung über die Einhaltung der elementaren rechtsstaatlichen Grundsätze und Menschenrechtsstandards sowie das Datenschutzniveau in den jeweiligen Drittstaaten, die die speziellen Erfordernisse des polizeilichen Informationsaustauschs berücksichtigt, zu beachten.

§ 39b Datenübermittlung im innerstaatlichen Bereich

(1) Personenbezogene Daten können unter Beachtung des § 36 Absatz 2 bis 4 und der §§ 39 und 39a innerhalb des Landes an Polizeibehörden und Ordnungsbehörden und darüber hinaus auch an andere Polizeien und Ordnungsbehörden des Bundes und der Länder übermittelt werden, soweit dies zur Erfüllung der polizeilichen oder ordnungsbehördlichen Aufgaben der übermittelnden Stelle oder des Empfängers erforderlich ist. Die über Personen nach § 27 Absatz 3 Nummer 2 bis 4 gespeicherten personenbezogenen Daten dürfen nur an andere Polizeidienststellen übermittelt werden.

(2) Für die Einrichtung von automatisierten Verfahren gilt § 42.

(3) Personenbezogene Daten können an andere als die in Absatz 1 genannten Behörden und sonstige öffentliche Stellen übermittelt werden, soweit dies

1. in anderen Rechtsvorschriften vorgesehen ist oder

2. unter Beachtung des § 36 Absatz 2 bis 4 und der §§ 39 und 39a zulässig und erforderlich ist

a) zur Aufgabenerfüllung nach diesem Gesetz,

b) für Zwecke der Verfolgung von Straftaten oder Ordnungswidrigkeiten,

c) für Zwecke der Gefahrenabwehr oder

d) zur Verhütung oder Beseitigung erheblicher Nachteile für das Gemeinwohl oder zur Abwehr einer schwerwiegenden Beeinträchtigung der Rechte Einzelner

und Zwecke des Verfahrens, zu dem die Daten erhoben wurden, nicht entgegenstehen.

Persönliche Einschätzungen oder Beurteilungen sowie gespeicherte personenbezogene Daten über Personen nach § 27 Absatz 3 Nummer 2 bis 4 dürfen nicht übermittelt werden. Die Übermittlung personenbezogener Daten zwischen der Verfassungsschutzbehörde und den Ordnungsbehörden oder der Polizei des Landes richtet sich nach den Vorschriften des Landesverfassungsschutzgesetzes.

(4) Unter den Voraussetzungen des Absatzes 3 können personenbezogene Daten auch an nichtöffentliche Stellen übermittelt werden. Die Übermittlung unterbleibt, wenn der der Erhebung dieser Daten zugrundeliegende Zweck gefährdet würde oder schutzwürdige Interessen der betroffenen Person beeinträchtigt würden. Sind personenbezogene Daten durch eine andere Stelle übermittelt worden und besteht Grund zu der Annahme, dass durch die Übermittlung nach Satz 1 der der Erhebung dieser Daten zugrundeliegende Zweck gefährdet würde, ist vor der Übermittlung die Zustimmung dieser Stelle einzuholen. Verarbeitungsbedingungen der übermittelnden Stelle sind zu beachten.

(5) Der Empfänger darf die übermittelten personenbezogenen Daten nur zu dem Zweck verarbeiten, für den sie ihm übermittelt worden sind. Eine Verarbeitung für andere Zwecke ist unter Beachtung des § 36 Absatz 2 bis 4 zulässig; im Falle des Absatzes 4 gilt dies nur, soweit die übermittelnde Stelle der Zweckänderung zustimmt.

(6) Die Verantwortung für die Zulässigkeit der Datenübermittlung trägt die übermittelnde Stelle. Erfolgt die Übermittlung in den Fällen von Absatz 1 oder 3 Nummer 2 auf Ersuchen des Empfängers, trägt dieser die Verantwortung. In diesen Fällen prüft die übermittelnde Stelle nur, ob

das Übermittlungsersuchen im Rahmen der Aufgaben des Empfängers liegt, es sei denn, dass besonderer Anlass zur Prüfung der Zulässigkeit der Übermittlung besteht. Im Übrigen hat die ersuchende Stelle der übermittelnden Stelle die zur Prüfung der Zulässigkeit der Übermittlung erforderlichen Angaben zu machen.

(7) Sind mit personenbezogenen Daten, die nach Absatz 1 oder 3 übermittelt werden dürfen, weitere personenbezogene Daten der betroffenen Person oder eines Dritten (§ 3 Absatz 4 Nummer 2) in Akten so verbunden, dass eine Trennung nicht oder nur mit unvertretbarem Aufwand möglich ist, so ist die Übermittlung auch dieser Daten zulässig, soweit nicht berechtigte Interessen der betroffenen Person oder eines Dritten (§ 3 Absatz 4 Nummer 2) an der Geheimhaltung offensichtlich überwiegen; eine Verwendung dieser Daten durch den Empfänger ist unzulässig.

§ 39c Datenübermittlung an Mitgliedstaaten und Organisationen der Europäischen Union

(1) § 39b gilt, mit Ausnahme des § 39b Absatz 6, entsprechend für die Übermittlung von personenbezogenen Daten an

1. öffentliche und nichtöffentliche Stellen in Mitgliedstaaten der Europäischen Union und
2. zwischen- und überstaatliche Stellen der Europäischen Union oder deren Mitgliedstaaten, die mit Aufgaben im Sinne dieses Gesetzes befasst sind.

Die Verantwortung für die Zulässigkeit der Datenübermittlung trägt die übermittelnde Stelle. Für die Übermittlung an Polizei- und Justizbehörden sowie an sonstige für die Verhütung oder Verfolgung von Straftaten zuständige öffentliche Stellen zum Zwecke der Verfolgung von Straftaten und zur Strafvollstreckung bleiben die Vorschriften über die internationale Rechtshilfe in strafrechtlichen Angelegenheiten unberührt. Die Zulässigkeit der Übermittlung personenbezogener Daten an eine Polizeibehörde oder eine sonstige für die Verhütung und Verfolgung von Straftaten zuständige öffentliche Stelle eines Mitgliedstaates der Europäischen Union auf der Grundlage besonderer völkerrechtlicher Vereinbarungen bleibt unberührt.

(2) Absatz 1 findet auch Anwendung auf die Übermittlung von

personenbezogenen Daten an Polizeibehörden oder sonstige für die Verhütung und Verfolgung von Straftaten zuständige öffentliche Stellen von Staaten, welche die Bestimmungen des Schengen-Besitzstandes aufgrund eines Assoziierungsübereinkommens mit der Europäischen Union über die Umsetzung, Anwendung und Entwicklung des Schengen-Besitzstandes anwenden.

§ 39d Datenübermittlung in Drittstaaten im Anwendungsbereich der Richtlinie (EU) 2016/680

(1) Personenbezogene Daten können unter Beachtung des § 36 Absatz 2 bis 4, der §§ 39 und 39a sowie der §§ 39e bis 39g an Polizei- und Justizbehörden sowie an sonstige für die Verhütung oder Verfolgung von Straftaten oder Ordnungswidrigkeiten zuständige öffentliche Stellen in anderen als den in § 39c genannten Staaten (Drittstaaten) und an andere als dort genannten zwischen- und überstaatlichen Stellen, die mit Aufgaben der Verhütung oder Verfolgung von Straftaten oder Ordnungswidrigkeiten befasst sind, übermittelt werden, soweit dies erforderlich ist

1. zur Erfüllung einer Aufgabe nach § 4 Absatz 1 Satz 2 und § 7 Absatz 1 Nummer 4 oder
2. zu den Zwecken nach § 39g Absatz 1 Satz 1 Nummer 1 bis 3 und 5.

§ 39b Absatz 1 Satz 2 gilt entsprechend.

(2) Die Verantwortung für die Zulässigkeit der Übermittlung trägt die übermittelnde Stelle. Der Empfänger personenbezogener Daten ist darauf hinzuweisen, dass die Daten nur zu dem Zweck verarbeitet werden dürfen, zu dem sie übermittelt worden sind. Ferner ist ihm der bei der übermittelnden Stelle vorgesehene Löschungszeitpunkt mitzuteilen.

§ 39e Grundsätze der Datenübermittlung in Drittstaaten im Anwendungsbereich der Richtlinie (EU) 2016/680

(1) Die Übermittlung personenbezogener Daten nach § 39d ist zulässig, wenn die Europäische Kommission gemäß Artikel 36 Absatz 3 der Richtlinie (EU) 2016/680 einen Angemessenheitsbeschluss gefasst hat.

(2) Die Übermittlung personenbezogener Daten hat trotz des Vorliegens

eines Angemessenheitsbeschlusses im Sinne des Absatzes 1 zu unterbleiben, wenn im Einzelfall ein datenschutzrechtlich angemessener und die elementaren Menschenrechte wahrender Umgang mit den Daten beim Empfänger nicht hinreichend gesichert ist oder sonst überwiegende schutzwürdige Interessen einer betroffenen Person entgegenstehen. Bei der Beurteilung hat die übermittelnde Stelle maßgeblich zu berücksichtigen, ob der Empfänger im Einzelfall einen angemessenen Schutz der übermittelten Daten garantiert.

(3) Wenn personenbezogene Daten, die aus einem anderen Mitgliedstaat der Europäischen Union übermittelt oder zur Verfügung gestellt wurden, nach § 39d Absatz 1 übermittelt werden sollen, muss dieser Übermittlung zuvor von der zuständigen Stelle des anderen Mitgliedstaates zugestimmt werden. Übermittlungen ohne vorherige Zustimmung sind nur dann zulässig, wenn die Übermittlung erforderlich ist, um eine gegenwärtige Gefahr für die öffentliche Sicherheit eines Staates oder für die wesentlichen Interessen eines Mitgliedstaates abzuwehren, und die vorherige Zustimmung nicht rechtzeitig eingeholt werden kann. Im Fall des Satzes 2 ist die Stelle des anderen Mitgliedstaates, die für die Erteilung der Zustimmung zuständig gewesen wäre, unverzüglich über die Übermittlung zu unterrichten.

(4) Die Stelle, die Daten nach Absatz 1 übermittelt, hat durch geeignete Maßnahmen sicherzustellen, dass der Empfänger die übermittelten Daten nur dann an andere Drittstaaten oder andere als die in § 39c genannten zwischen- und überstaatlichen Stellen weiterübermittelt, wenn die übermittelnde Stelle dieser Übermittlung zuvor zugestimmt hat. Bei der Entscheidung über die Erteilung der Zustimmung sind alle maßgeblichen Faktoren zu berücksichtigen, insbesondere die Schwere der Straftat, der Zweck der ursprünglichen Übermittlung und das in dem Drittstaat oder der anderen als in § 39c genannten zwischen- und überstaatlichen Stelle, an das oder an die die Daten weiterübermittelt werden sollen, bestehende Schutzniveau für personenbezogene Daten. Eine Zustimmung darf nur dann erfolgen, wenn auch eine direkte Übermittlung an den anderen Drittstaat oder an die andere als in § 39c genannte zwischen- und überstaatliche Stelle zulässig wäre. Die Zuständigkeit für die Erteilung der Zustimmung kann auch abweichend geregelt werden.

§ 39f Datenübermittlung in Drittstaaten bei geeigneten Garantien im Anwendungsbereich der Richtlinie (EU) 2016/680

(1) Liegt entgegen § 39e Absatz 1 kein Angemessenheitsbeschluss nach Artikel 36 Absatz 3 der Richtlinie (EU) 2016/680 vor, ist eine Übermittlung nach § 39d unter Beachtung der übrigen Maßgaben des § 39e auch dann zulässig, wenn

1. in einem rechtsverbindlichen Instrument geeignete Garantien für den Schutz personenbezogener Daten vorgesehen sind oder
2. die übermittelnde Stelle nach Beurteilung aller Umstände, die bei der Übermittlung eine Rolle spielen, zu der Auffassung gelangt ist, dass geeignete Garantien für den Schutz personenbezogener Daten bestehen.

(2) Die verantwortliche Stelle hat die oder den Landesbeauftragten für den Datenschutz zu unterrichten, wenn aufgrund einer Beurteilung nach Absatz 1 Nummer 2 eine Datenübermittlung erfolgt ist; die Beurteilung ist zu dokumentieren und der Aufsichtsbehörde auf Anforderung zur Verfügung zu stellen.

§ 39g Datenübermittlung in Drittstaaten ohne geeignete Garantien im Anwendungsbereich der Richtlinie (EU) 2016/680

(1) Liegt entgegen § 39e Absatz 1 kein Angemessenheitsbeschluss nach Artikel 36 Absatz 3 der Richtlinie (EU) 2016/680 vor und liegen auch keine geeigneten Garantien im Sinne des § 39f Absatz 1 vor, ist eine Übermittlung nach § 39d unter Beachtung der übrigen Maßgaben des § 39e nur dann zulässig, wenn die Übermittlung erforderlich ist

1. zum Schutz lebenswichtiger Interessen einer natürlichen Person,
2. zur Wahrung berechtigter Interessen der betroffenen Person,
3. zur Abwehr einer gegenwärtigen erheblichen Gefahr für die öffentliche Sicherheit eines Staates,
4. im Einzelfall für die in § 39d genannten Zwecke oder
5. im Einzelfall zur Geltendmachung, Ausübung oder Verteidigung von Rechtsansprüchen im Zusammenhang mit den in § 39d genannten Zwecken.

(2) Die verantwortliche Stelle hat von einer Übermittlung nach Absatz 1 abzusehen, wenn die Grundrechte der betroffenen Person das öffentliche Interesse an der Übermittlung überwiegen.

§ 39h Sonstige Datenübermittlung an Empfänger in Drittstaaten im Anwendungsbereich der Richtlinie (EU) 2016/680

(1) Bei Vorliegen der übrigen für die Datenübermittlung in Drittstaaten geltenden Voraussetzungen können im besonderen Einzelfall personenbezogene Daten unmittelbar an andere als die in § 39d Absatz 1 genannten Stellen in Drittstaaten übermittelt werden, wenn die Übermittlung für die Erfüllung ihrer Aufgaben unbedingt erforderlich ist und

1. im konkreten Fall keine Grundrechte der betroffenen Person das öffentliche Interesse an einer Übermittlung überwiegen,
2. die Übermittlung an die in § 39d Absatz 1 genannten Stellen wirkungslos oder ungeeignet wäre, insbesondere, weil sie nicht rechtzeitig durchgeführt werden kann, und
3. die übermittelnde Stelle dem Empfänger die Zwecke der Verarbeitung mitteilt und ihn darauf hinweist, dass die übermittelten Daten nur in dem Umfang verarbeitet werden dürfen, in dem ihre Verarbeitung für diese Zwecke erforderlich ist.

§ 39b Absatz 3 Satz 2 gilt entsprechend.

(2) Die übermittelnde Stelle hat die in § 39d Absatz 1 genannten Stellen unverzüglich über die Datenübermittlung zu unterrichten, sofern dies nicht wirkungslos oder ungeeignet ist.

(3) Die verantwortliche Stelle hat die oder den Landesbeauftragten für den Datenschutz jährlich über die Datenübermittlung zu unterrichten. In der Unterrichtung kann sie die Empfänger und die Übermittlungszwecke angemessen kategorisieren.

(4) Bei Datenübermittlungen nach Absatz 1 hat die übermittelnde Stelle den Empfänger zu verpflichten, die übermittelten personenbezogenen Daten nur für den Zweck zu verarbeiten, für den sie übermittelt worden sind.

(5) Abkommen im Bereich der justiziellen Zusammenarbeit in Strafsachen und der polizeilichen Zusammenarbeit bleiben unberührt.

§ 40 Datenübermittlung zum Zwecke einer Zuverlässigkeitsüberprüfung

(1) Sofern vor Veranstaltungen Tatsachen die Annahme rechtfertigen, dass bei deren Durchführung eine besondere Gefahrenlage eintreten könnte, kann die Polizei personenbezogene Daten einer Person mit ihrer schriftlichen Einwilligung nach § 26 an öffentliche und nichtöffentliche Stellen übermitteln, wenn es für die Überprüfung ihrer Zuverlässigkeit erforderlich ist und im Hinblick auf den Anlass dieser Überprüfung, insbesondere den Zugang der betroffenen Person zu der Veranstaltung, sowie wegen der Art und des Umfangs der Erkenntnisse über sie und mit Rücksicht auf das berechtigte Sicherheitsinteresse des Empfängers angemessen ist. Die Rückmeldung an eine nichtöffentliche Stelle beschränkt sich auf die Auskunft zum Vorliegen von Zuverlässigkeitsbedenken.

(2) Der Empfänger darf die übermittelten Daten nur für den Zweck der Zuverlässigkeitsüberprüfung verarbeiten. Die Polizei hat den Empfänger schriftlich zu verpflichten, diese Zweckbestimmung einzuhalten und eine Löschung der Daten spätestens nach Beendigung der Veranstaltung vorzunehmen. Die betroffene Person ist durch die Polizei über den Inhalt der Übermittlung zu informieren, soweit dies nicht bereits auf andere Weise sichergestellt ist.

(3) Die Vorschriften des Sicherheitsüberprüfungsgesetzes des Landes Mecklenburg-Vorpommern bleiben unberührt.

§ 41 Bekanntgabe an die Öffentlichkeit

Die Ordnungsbehörden und die Polizei können Daten einer Person zum Zwecke der Ermittlung der Identität oder des Aufenthaltsortes oder zur Warnung öffentlich bekannt geben oder an andere Stellen zur Bekanntgabe an die Öffentlichkeit übermitteln, wenn

1. die Abwehr einer im einzelnen Falle bevorstehenden Gefahr für Leib, Leben oder Freiheit einer Person auf andere Weise nicht möglich erscheint oder
2. Tatsachen die Annahme rechtfertigen, dass diese Person eine Straftat von erheblicher Bedeutung (§ 49) oder eine terroristische Straftat (§ 67c) begehen wird und die Verhütung oder die

Vorsorge für die Verfolgung dieser Straftat auf andere Weise nicht möglich erscheint.

§ 42 Automatisierte Verfahren, Verfahrensbeschreibung

(1) Automatisierte Verfahren zur Verarbeitung personenbezogener Daten dürfen unter Beachtung des § 36 Absatz 1 bis 4 nur eingeführt werden, wenn dies unter Berücksichtigung der schutzwürdigen Interessen der betroffenen Personen und der Aufgaben der beteiligten Stellen angemessen ist.

(2) Ein automatisiertes Verfahren nach Absatz 1 kann auch in Form eines Verfahrens,

1. das die Übermittlung personenbezogener Daten durch Abruf ermöglicht (Abrufverfahren),
2. bei dem mehrere verantwortliche Stellen gemeinsam die Verarbeitung personenbezogener Daten ermöglichen (Verbundverfahren) oder
3. das aus mindestens zwei eigenständigen automatisierten Teilverfahren mit jeweils eigenen verantwortlichen Stellen besteht (gemeinsames Verfahren),

eingerichtet werden. Abrufverfahren können insbesondere zwischen Polizeidienststellen, zwischen Ordnungsbehörden sowie zwischen Ordnungsbehörden und der Polizei vereinbart werden; der Abruf durch andere als die genannten Stellen ist nur aufgrund besonderer Rechtsvorschriften zulässig. Der Empfänger trägt die Verantwortung für die Rechtmäßigkeit des Abrufs. Einen Datenverbund, der eine automatisierte Datenübermittlung zwischen Polizeidienststellen des Landes und Polizeidienststellen des Bundes und der Länder ermöglicht und zur Erfüllung polizeilicher Aufgaben, die überörtliche Bedeutung haben, erforderlich ist, darf nur durch das Ministerium für Inneres und Europa als oberste Landesbehörde vereinbart werden.

(3) Werden in automatisierten Verfahren die Zwecke und die Mittel der Verarbeitung von zwei oder mehr verantwortlichen Stellen gemeinsam festgelegt, gelten sie als gemeinsam verantwortliche Stellen. Gemeinsam verantwortliche Stellen haben ihre jeweiligen Aufgaben und datenschutzrechtlichen Verantwortlichkeiten in transparenter Form in einer

Vereinbarung festzulegen, soweit diese nicht bereits in Rechtsvorschriften festgelegt sind. Aus der Vereinbarung muss insbesondere hervorgehen, wer welchen allgemeinen Informationspflichten gemäß § 46 nachzukommen hat und wie und gegenüber wem betroffene Personen ihre Rechte wahrnehmen können. In der Vereinbarung ist eine Anlaufstelle für die betroffenen Personen anzugeben. Eine entsprechende Vereinbarung hindert die betroffene Person nicht, ihre Rechte gegenüber jeder der gemeinsam verantwortlichen Stellen geltend zu machen. Soweit Anliegen nicht bei der Anlaufstelle eingehen, sind diese ihr zuzuleiten. Betrifft die Vereinbarung die Verarbeitung von Daten außerhalb des Anwendungsbereichs der Richtlinie (EU) 2016/680, ist der wesentliche Inhalt der Vereinbarung den betroffenen Personen öffentlich zur Verfügung zu stellen. Wesentlich sind dabei nur solche Teile der Vereinbarung, die die betroffenen Personen zur Wahrnehmung ihrer Rechte benötigen und deren Kenntnis die Aufgabenwahrnehmung der verantwortlichen Stellen nicht wesentlich erschweren.

(4) Die verantwortliche Stelle ist verpflichtet, für jedes von ihr eingesetzte automatisierte Verfahren, bei dem personenbezogene Daten verarbeitet werden, in einer Verfahrensbeschreibung festzulegen:

1. die Bezeichnung des Verfahrens und der verarbeitenden Stelle,
2. den Zweck und die Rechtsgrundlage der Verarbeitung,
3. die Kategorien der personenbezogenen Daten,
4. die Kategorien der Betroffenen,
5. Prüffristen nach § 45a oder Speicherungsdauer,
6. die Kategorien der Empfänger, denen die Daten übermittelt werden,
7. geplante Datenübermittlungen an Staaten und Stellen nach § 39d Absatz 1, einschließlich deren Bezeichnung,
8. Angaben nach § 45b Absatz 4,
9. eine Beschreibung der technischen und organisatorischen Maßnahmen nach den §§ 46d bis 46i und

10. besondere Regelungen über die Verarbeitung von Daten, die nach dem 2. Unterabschnitt (§§ 27 bis 35) erhoben wurden, insbesondere zum Verhältnis von Speicherinhalt und Abrufberechtigung.

Die Verfahrensbeschreibung ist elektronisch zu führen und laufend auf dem neuesten Stand zu halten.

(5) Vor dem erstmaligen Einsatz eines Verfahrens nach Absatz 1 oder dessen wesentlicher Änderung ist die oder der Landesbeauftragte für den Datenschutz zu beteiligen.

(6) Die Verfahrensbeschreibung ist in das Verzeichnis der Verarbeitungstätigkeiten der verantwortlichen Stelle (§ 45c) aufzunehmen.

(7) Das Ministerium für Inneres und Europa regelt das Nähere durch Verwaltungsvorschrift.

§ 43 Datenabgleich

(1) Die Polizei kann personenbezogene Daten der in den §§ 69, 70 sowie § 27 Absatz 3 Nummer 1 und Nummer 2 genannten Personen mit dem Inhalt polizeilicher Dateisysteme im Rahmen der Zweckbindung dieser Dateisysteme abgleichen. Personenbezogene Daten anderer Personen kann die Polizei abgleichen, wenn Tatsachen die Annahme rechtfertigen, dass dies zur Erfüllung polizeilicher Aufgaben erforderlich ist. Die Polizei kann ferner im Rahmen ihrer Aufgabenerfüllung erlangte personenbezogene Daten mit dem Fahndungsbestand abgleichen. Die betroffene Person kann für die Dauer des Datenabgleichs angehalten werden. Ein Abgleich der nach § 27 Absatz 2 erlangten personenbezogenen Daten ist nur mit Zustimmung der betroffenen Personen zulässig.

(2) Die Ordnungsbehörden können personenbezogene Daten der in den §§ 69 und 70 genannten Personen mit dem Inhalt anderer von ihnen geführter Dateisysteme im Rahmen der Zweckbestimmung dieser Dateisysteme abgleichen. Personenbezogene Daten anderer Personen können die Ordnungsbehörden abgleichen, wenn Tatsachen die Annahme rechtfertigen, dass dies zur Erfüllung ordnungsbehördlicher Aufgaben erforderlich ist. Absatz 1 Satz 5 gilt entsprechend.

(3) Rechtsvorschriften über den Datenabgleich in anderen Fällen bleiben unberührt.

§ 43a Datenerhebung und Datenabgleich zur Erkennung von Kraftfahrzeugkennzeichen

(1) Die Polizei kann im öffentlichen Verkehrsraum technische Mittel zur Erkennung von Kraftfahrzeugkennzeichen auch ohne Wissen der betroffenen Person einsetzen,

1. wenn dies zur Abwehr einer im einzelnen Falle bevorstehenden Gefahr für Leib, Leben oder Freiheit einer Person erforderlich ist,

2. wenn dies zur Abwehr einer gegenwärtigen Gefahr erforderlich ist und die Voraussetzungen für eine Identitätsfeststellung nach § 29 Absatz 1 Satz 2 vorliegen,

3. wenn eine Person oder ein Fahrzeug zur polizeilichen Beobachtung ausgeschrieben wurde und Tatsachen die Annahme rechtfertigen, dass die für die Ausschreibung relevante Begehung von Straftaten in absehbarer Zeit mit hinreichender Wahrscheinlichkeit bevorsteht,

4. wenn eine Person oder ein Fahrzeug zur gezielten Kontrolle ausgeschrieben wurde und Tatsachen die Annahme rechtfertigen, dass die für die Ausschreibung relevante Begehung von Straftaten in absehbarer Zeit mit hinreichender Wahrscheinlichkeit bevorsteht,

5. wenn dokumentierte polizeiliche Lageerkenntnisse über Kriminalitätsschwerpunkte eine Überwachung des öffentlichen Verkehrsraumes zur vorbeugenden Bekämpfung von Straftaten von erheblicher Bedeutung (§ 49) oder terroristischer Straftaten (§ 67c) erfordern oder

6. zur vorbeugenden Bekämpfung der grenzüberschreitenden Kriminalität oder zur Unterbindung des unerlaubten Aufenthalts in dem Gebiet von der Bundesgrenze bis einschließlich der Bundesautobahn A 20.

Dabei können das Kennzeichen und Angaben zum Ort, zur Fahrtrichtung, zum Datum und zur Uhrzeit automatisiert erhoben werden. Die automatisierte Datenerhebung kann sich auch auf das Bild des Fahrzeuges erstrecken. Sie darf auch durchgeführt werden, wenn Dritte (§ 3 Absatz 4 Nummer 2) unvermeidbar betroffen sind. Der Einsatz technischer Mittel zur Erkennung von Kraftfahrzeugkennzeichen darf nicht flächendeckend durchgeführt werden; er ist für Kontrollzwecke zu dokumentieren.

(2) Die erhobenen Daten dürfen nur mit polizeilichen Dateisystemen abgeglichen werden, die auf dasselbe Schutzziel ausgerichtet sind wie die Datenerhebung nach Absatz 1. Es können für den Datenabgleich nach Satz 1 auch solche polizeilichen Dateisysteme genutzt werden, die neben präventiven auch repressiven Zwecken dienen. Automatisierte Abgleiche dürfen nicht protokolliert werden.

(3) Nach Absatz 1 erhobene Daten, die nicht in den zum Datenabgleich genutzten Dateisystemen enthalten sind (Nichttreffer), sind sofort zu löschen.

(4) Sind die nach Absatz 1 erhobenen Daten in den zum Datenabgleich genutzten Dateisystemen enthalten (Treffer), können die Daten gespeichert werden. Außer im Falle des Absatzes 1 Satz 1 Nummer 3 ist das von einem Treffer betroffene Fahrzeug unmittelbar durch die Polizei anzuhalten und die betroffene Fahrzeugführerin oder der betroffene Fahrzeugführer ist über die durchgeführte Maßnahme zu informieren. Weitere Maßnahmen dürfen erst nach einer Überprüfung des Treffers vorgenommen werden. Die nach Satz 1 gespeicherten Daten sind außer im Falle des Absatzes 1 Satz 1 Nummer 3 und 4 spätestens 48 Stunden nach ihrer Erhebung unwiderruflich zu löschen. Die im Falle des Absatzes 1 Satz 1 Nummer 3 und 4 gespeicherten Daten können polizeilich genutzt und zusammen mit den gewonnenen Erkenntnissen an die ausschreibende Stelle übermittelt werden. Außer im Fall des Absatzes 1 Satz 1 Nummer 3 und 4 dürfen die nach Satz 1 gespeicherten Daten nicht zu einem Bewegungsbild verbunden werden.

(5) Die Polizei kann im öffentlichen Verkehrsraum technische Mittel zur Erkennung von Kraftfahrzeugkennzeichen ohne Wissen der Person auch zur Unterstützung einer Observation gemäß § 33 Absatz 1 Nummer 1 einsetzen. Absatz 1 Satz 2 bis 5 gilt entsprechend. Die erhobenen Daten können mit einem polizeilichen Dateisystem, in dem Kennzeichen von Fahrzeugen gespeichert sind, die auf die observierte Person zugelassen sind oder durch diese Person genutzt werden, abgeglichen werden. Absatz 3 und Absatz 4 Satz 1 gelten entsprechend. Die gespeicherten Daten dürfen zu einem Bewegungsbild verbunden werden. Im Übrigen sind die für die Observation gemäß § 33 Absatz 1 Nummer 1 geltenden

Vorschriften zur Datenverarbeitung anzuwenden.

§ 44 Rasterfahndung

(1) Die Polizei kann von Behörden, anderen öffentlichen Stellen und von Stellen außerhalb der öffentlichen Verwaltung

1. unter den Voraussetzungen des § 67a Absatz 1 oder
2. zur Abwehr einer im einzelnen Falle bevorstehenden Gefahr für den Bestand oder die Sicherheit des Bundes oder eines Landes oder für Leib, Leben oder Freiheit einer Person oder Sachen von bedeutendem Wert, deren Erhalt im öffentlichen Interesse geboten ist,

die Übermittlung von personenbezogenen Daten bestimmter Personengruppen aus Dateisystemen zum Zweck des Abgleichs mit anderen Datenbeständen verlangen (Rasterfahndung), wenn Tatsachen die Annahme rechtfertigen, dass dies zur Abwehr der Gefahr erforderlich ist. Von den Verfassungsschutzbehörden des Bundes oder der Länder, dem Bundesnachrichtendienst sowie dem Militärischen Abschirmdienst kann die Übermittlung nach Satz 1 nicht verlangt werden.

(2) Das Übermittlungsersuchen ist auf Namen, Anschrift, Tag und Ort der Geburt sowie auf im einzelnen Falle festzulegende Merkmale zu beschränken; es darf sich nicht auf personenbezogene Daten erstrecken, die einem Berufs- oder besonderen Amtsgeheimnis unterliegen. Von Übermittlungsersuchen nicht erfasste personenbezogene Daten dürfen übermittelt werden, wenn wegen erheblicher technischer Schwierigkeiten oder wegen eines unangemessenen Zeit- oder Kostenaufwands eine Beschränkung auf die angeforderten Daten nicht möglich ist; diese Daten dürfen nicht verwendet werden.

(3) Die Maßnahme bedarf der richterlichen Anordnung auf Antrag der Leitung der zuständigen Polizeibehörde. Bei Gefahr im Verzug kann die Leitung der zuständigen Polizeibehörde die Maßnahme anordnen; eine richterliche Entscheidung ist unverzüglich nachzuholen. Soweit die Anordnung nach Satz 2 nicht binnen drei Tagen durch das Gericht bestätigt wird, tritt sie außer Kraft.

(4) Im Antrag sind anzugeben:

1. soweit möglich die Angaben nach Absatz 2 Satz 1,
2. die zur Übermittlung zu Verpflichtenden,
3. der Sachverhalt,
4. eine Begründung.

(5) Die Anordnung ergeht schriftlich. In ihr sind anzugeben:

1. soweit möglich die Angaben nach Absatz 2 Satz 1,
2. die zur Übermittlung Verpflichteten,
3. der Sachverhalt,
4. die Gründe.

(6) Die oder der Landesbeauftragte für den Datenschutz ist unverzüglich über die Maßnahme zu unterrichten.

(7) Ist der Zweck der Maßnahme erreicht oder zeigt sich, dass er nicht erreicht werden kann, sind die übermittelten und im Zusammenhang mit der Maßnahme zusätzlich angefallenen personenbezogenen Daten auf dem Datenträger zu löschen und die Unterlagen zurückzugeben oder zu vernichten, soweit sie nicht zur Abwehr einer anderen Gefahr im Sinne des Absatzes 1 Satz 1 oder für ein mit dem Sachverhalt zusammenhängendes Strafverfahren erforderlich sind.

Unterabschnitt 4
Pflichten der verantwortlichen Stelle und des Auftragsverarbeiters (§§ 45 - 46k)

§ 45 Berichtigung, Ergänzung, Löschung und Einschränkung der Verarbeitung personenbezogener Daten

(1) Die verantwortliche Stelle hat personenbezogene Daten unverzüglich zu berichtigen, wenn sie unrichtig sind. Die Daten sind zu ergänzen, wenn der Zweck der Speicherung oder ein berechtigtes Interesse der betroffenen Person dies erfordert.

(2) Personenbezogene Daten sind unverzüglich zu löschen, sobald aus Anlass einer Einzelfallprüfung, die insbesondere nach Beendigung einer Datenerhebungsmaßnahme unverzüglich durchzuführen ist, oder im

Rahmen einer Überprüfung nach § 45a festgestellt wird, dass

1. ihre Verarbeitung nach diesem Gesetz unzulässig war oder ist, es sei denn, die Verarbeitung ist durch Rechtsvorschriften anderer Gesetze zugelassen,
2. sie zur Erfüllung einer rechtlichen Verpflichtung gelöscht werden müssen,
3. sie unrichtig sind und die speichernde Stelle keine Kenntnis der richtigen Daten erlangen kann,
4. ihre Kenntnis zur Erfüllung der in der Zuständigkeit der speichernden Stelle liegenden Aufgabe nicht mehr erforderlich ist, es sei denn, die Daten dürfen nach § 36 Absatz 2 bis 4 weiterverarbeitet werden, oder
5. eine Einwilligung nach § 26 widerrufen wird, es sei denn, die Verarbeitung ist durch Rechtsvorschriften dieses Gesetzes oder anderer Gesetze zugelassen.

Kommt eine Löschung zum Zeitpunkt der Überprüfung nicht in Betracht, ist eine neue Prüffrist festzulegen.

(3) Anstelle der Löschung tritt die Einschränkung der Verarbeitung, solange

1. Grund zu der Annahme besteht, dass durch die Löschung schutzwürdige Belange der betroffenen Person beeinträchtigt werden,
2. die Nutzung der personenbezogenen Daten zur Behebung einer bestehenden Beweisnot in einem gerichtlichen Verfahren oder einem Verwaltungsverfahren unerlässlich ist, oder
3. eine Löschung wegen der besonderen Art der Speicherung nicht oder nur mit unverhältnismäßigem Aufwand möglich ist.

In ihrer Verarbeitung nach Satz 1 eingeschränkte Daten dürfen nur zu dem Zweck verarbeitet werden, der ihrer Löschung entgegenstand; in Fällen der Nummer 1 nur mit Einwilligung der betroffenen Person. Im Übrigen dürfen solche Daten zu wissenschaftlichen Zwecken nach Maßgabe des § 37a Absatz 2 verwendet werden. Bei automatisierten Dateisystemen ist technisch sicherzustellen, dass eine Einschränkung der

Verarbeitung eindeutig erkennbar ist und eine Verarbeitung für andere Zwecke nicht ohne weitere Prüfung möglich ist.

(4) Für die Übergabe der Daten an ein Archiv gelten anstelle einer Löschung aus dem in Absatz 2 Satz 1 Nummer 4 genannten Grund die Vorschriften des Landesarchivgesetzes.

(5) Nach einer Übermittlung personenbezogener Daten ist in den Fällen des Absatzes 1 bis 3 der Empfänger unverzüglich über die Berichtigung, Ergänzung, Löschung oder Einschränkung der Verarbeitung in Kenntnis zu setzen; im Fall der Ergänzung nach Absatz 1 gilt dies nur, wenn im Zeitpunkt der Übermittlung auch diese ergänzten Daten übermittelt worden wären. Die Berichtigung von unrichtigen personenbezogenen Daten ist, sofern die Daten nicht selbst erhoben wurden, der zuständigen Stelle, von der die unrichtigen Daten stammen, mitzuteilen.

§ 45a Festlegung von Prüffristen

(1) Unbeschadet in Rechtsvorschriften festgesetzter Höchstspeicher- oder Löschfristen hat die verantwortliche Stelle für die Löschung von personenbezogenen Daten oder für eine regelmäßige Überprüfung der Notwendigkeit ihrer Speicherung angemessene Fristen vorzusehen und durch verfahrensrechtliche Vorkehrungen sicherzustellen, dass diese Fristen eingehalten werden.

(2) Die Prüffristen dürfen

1. bei Erwachsenen fünf Jahre, in besonderen Fällen zehn Jahre,
2. bei Erwachsenen nach Vollendung des 70. Lebensjahres und bei Jugendlichen fünf Jahre,
3. bei Kindern zwei Jahre sowie
4. abweichend von Nummer 1 und Nummer 2 bei einer Sexualstraftat nach den §§ 174 bis 180, 182 oder einer Straftat nach den §§ 211 bis 213, 223 bis 227 des Strafgesetzbuches, die sexuell bestimmt ist, 15 Jahre

nicht überschreiten, wobei nach dem Zweck der Speicherung sowie der Art und Bedeutung des Sachverhaltes zu unterscheiden ist. Die Frist beginnt regelmäßig mit dem Tag der letzten behördlichen Speicherung eines für die Gefahrenprognose maßgebenden personenbezogenen

Datums, jedoch nicht vor der Entlassung der betroffenen Person aus der Justizvollzugsanstalt oder Jugendanstalt, der Beendigung einer mit Freiheitsentziehung verbundenen Maßregel der Besserung oder Sicherung oder dem Ablauf einer gerichtlich bestimmten Bewährungszeit. Gibt eine Person innerhalb der Frist des Satzes 1 Anlass zur Speicherung weiterer personenbezogener Daten über sie, die für die Gefahrenprognose maßgebend sind, so gilt für alle zu ihr gespeicherten Daten gemeinsam der Prüfungstermin, der als letzter eintritt, oder die Aufbewahrungsfrist, die als letzte endet.

(3) Ist eine weitere Aufbewahrung erforderlich, ist in regelmäßigen Abständen, spätestens bei Änderung des die Speicherung begründenden Sachverhaltes, eine erneute Prüfung durchzuführen.

§ 45b Durchführung einer Datenschutz-Folgenabschätzung

(1) Hat eine Form der Verarbeitung, insbesondere bei Verwendung neuer Technologien, aufgrund der Art, des Umfangs, der Umstände und der Zwecke der Verarbeitung voraussichtlich ein hohes Risiko für die Rechtsgüter betroffener Personen zur Folge, so hat die verantwortliche Stelle vorab eine Abschätzung der Folgen der vorgesehenen Verarbeitungsvorgänge für die betroffenen Personen durchzuführen.

(2) Für die Untersuchung mehrerer ähnlicher Verarbeitungsvorgänge mit ähnlich hohem Gefahrenpotenzial kann eine gemeinsame Datenschutz-Folgenabschätzung vorgenommen werden.

(3) Die verantwortliche Stelle hat die behördliche Datenschutzbeauftragte oder den behördlichen Datenschutzbeauftragten an der Durchführung der Folgenabschätzung zu beteiligen.

(4) Die Folgenabschätzung hat den Rechten der von der Verarbeitung betroffenen Personen Rechnung zu tragen und zumindest Folgendes zu enthalten:

1. eine systematische Beschreibung der geplanten Verarbeitungsvorgänge und der Zwecke der Verarbeitung,
2. eine Bewertung der Notwendigkeit und Verhältnismäßigkeit der Verarbeitungsvorgänge in Bezug auf deren Zweck,

3. eine Bewertung der Gefahren für die Rechtsgüter der betroffenen Personen und

4. die Maßnahmen, mit denen bestehenden Gefahren abgeholfen werden soll, einschließlich der Garantien, der Sicherheitsvorkehrungen und der Verfahren, durch die der Schutz personenbezogener Daten sichergestellt und die Einhaltung der gesetzlichen Vorgaben nachgewiesen werden sollen.

Die Einhaltung genehmigter Verhaltensregeln gemäß Artikel 40 der Verordnung (EU) 2016/679 durch die verantwortliche Stelle oder den Auftragsverarbeiter ist im Rahmen der Folgenabschätzung zu berücksichtigen.

(5) Soweit es erforderlich ist, hat die verantwortliche Stelle eine Überprüfung durchzuführen, ob die Verarbeitung den Maßgaben folgt, die sich aus der Folgenabschätzung ergeben haben.

§ 45c Verzeichnis von Verarbeitungstätigkeiten

(1) Die verantwortliche Stelle hat ein Verzeichnis aller Kategorien von Verarbeitungstätigkeiten zu führen, die in ihre Zuständigkeit fallen. Dieses Verzeichnis hat hinsichtlich der Datenverarbeitung zu Zwecken der Richtlinie (EU) 2016/680 die folgenden Angaben zu enthalten:

1. den Namen und die Kontaktdaten der verantwortlichen Stelle und gegebenenfalls der gemeinsam mit ihr verantwortlichen Stellen sowie den Namen und die Kontaktdaten der oder des behördlichen Datenschutzbeauftragten,

2. die Zwecke und die Rechtsgrundlagen der Verarbeitung,

3. die Kategorien von Empfängern, gegenüber denen die personenbezogenen Daten offengelegt worden sind oder noch offengelegt werden sollen,

4. eine Beschreibung der Kategorien betroffener Personen und der Kategorien personenbezogener Daten,

5. gegebenenfalls die Verwendung von Profiling,

6. gegebenenfalls die Kategorien von Übermittlungen personenbezogener Daten an Staaten und Stellen nach § 39d Absatz 1, einschließlich deren Bezeichnung,
7. die Prüffristen nach § 45a oder die Aufbewahrungs- oder Speicherungsdauer und
8. eine allgemeine Beschreibung der technischen und organisatorischen Maßnahmen nach den §§ 46d bis 46i.

Bei automatisierten Verfahren gemäß § 42 sind im Verzeichnis alle verantwortlichen Stellen zu benennen. Ferner ist bei Vorliegen einer Vereinbarung nach § 42 Absatz 3 zu ergänzen, für welchen konkreten Bereich der Datenverarbeitung jede der beteiligten Stellen verantwortlich ist.

(2) Der Auftragsverarbeiter hat ein Verzeichnis aller Kategorien von Verarbeitungen, die er im Auftrag einer verantwortlichen Stelle durchführt, zu führen, das hinsichtlich der Datenverarbeitung zu Zwecken der Richtlinie (EU) 2016/680 Folgendes zu enthalten hat:

1. den Namen und die Kontaktdaten des Auftragsverarbeiters, jeder verantwortlichen Stelle, in deren Auftrag der Auftragsverarbeiter tätig ist, sowie gegebenenfalls der oder des behördlichen Datenschutzbeauftragten,
2. gegebenenfalls Übermittlungen von personenbezogenen Daten an Staaten und Stellen nach § 39d Absatz 1, einschließlich deren Bezeichnung,
3. eine allgemeine Beschreibung der technischen und organisatorischen Maßnahmen nach den §§ 46d bis 46i.

(3) Die in den Absätzen 1 und 2 genannten Verzeichnisse sind elektronisch zu führen. Dies gilt auch für die nach Artikel 30 der Verordnung (EU) 2016/679 zu führenden Verzeichnisse.

(4) Die verantwortlichen Stellen und die Auftragsverarbeiter haben auf Anforderung ihre Verzeichnisse der oder dem Landesbeauftragten für den Datenschutz zur Verfügung zu stellen.

§ 46 Allgemeine Informationspflicht

(1) Im Anwendungsbereich der Richtlinie (EU) 2016/680 hat die verantwortliche Stelle in allgemeiner Form und für jede Person zugänglich Informationen zur Verfügung zu stellen über

1. die Zwecke der von ihr vorgenommenen Verarbeitungen,
2. die im Hinblick auf die Verarbeitung ihrer personenbezogenen Daten bestehenden Rechte der betroffenen Personen auf Auskunft, Berichtigung, Löschung und Einschränkung der Verarbeitung,
3. den Namen und die Kontaktdaten der verantwortlichen Stelle und der oder des behördlichen Datenschutzbeauftragten,
4. das Recht, die Landesbeauftragte oder den Landesbeauftragten für den Datenschutz anzurufen, und
5. die Erreichbarkeit der oder des Landesbeauftragten für den Datenschutz.

(2) Im Anwendungsbereich der Verordnung (EU) 2016/679 gilt unter Beachtung der Artikel 13 und 14 der Verordnung (EU) 2016/679 § 5 des Landesdatenschutzgesetzes.

§ 46a Benachrichtigungspflichten bei verdeckten und eingriffsintensiven Maßnahmen

(1) Bei folgenden Maßnahmen sind die dort jeweils benannten Personen durch die durchführende Stelle zu benachrichtigen:

1. bei Feststellung der Identität von Personen auf Übersichtsaufzeichnungen nach § 32 Absatz 1 Satz 1 Nummer 2 Satz 2 die Adressaten der Maßnahme,
2. bei Einsatz besonderer Mittel der Datenerhebung nach § 33 Absatz 1
   a) die Adressaten der Maßnahme,
   b) diejenigen, deren personenbezogene Daten verarbeitet wurden und
   c) diejenigen, deren nicht allgemein zugängliche Wohnung betreten wurde,

3. bei Einsatz technischer Mittel in Wohnungen nach § 33b die von der Maßnahme betroffenen Personen, auch wenn die Maßnahme nach § 33b Absatz 9 als Personenschutzmaßnahme erfolgt ist,

4. bei verdecktem Zugriff auf informationstechnische Systeme nach § 33c, Eingriffen in den Telekommunikationsbereich nach § 33d oder Inanspruchnahme von Diensteanbietern nach den §§ 33e bis 33g und § 33h Absatz 1 Satz 2 und Absatz 2

   a) die Adressaten der Maßnahme und

   b) diejenigen, deren personenbezogene Daten im Rahmen einer solchen Maßnahme verarbeitet wurden,

5. bei Ausschreibung zur polizeilichen Beobachtung oder gezielten Kontrolle nach § 35

   a) die Adressaten der Maßnahme und

   b) diejenigen, deren personenbezogene Daten verarbeitet wurden,

6. bei Rasterfahndung nach § 44 die Personen, gegen die nach Auswertung der Daten weitere Maßnahmen durchgeführt wurden,

7. bei elektronischer Aufenthaltsüberwachung nach § 67a die Adressaten der Maßnahme, wenn Bewegungsbilder erstellt wurden, wobei die Benachrichtigung spätestens zwei Monate nach deren Beendigung zu erfolgen hat.

Erfolgen Maßnahmen mit Mitteln des § 33d Absatz 3, sind die in Satz 1 Nummer 4 genannten Personen auch darüber zu unterrichten, dass mit technischen Mitteln verdeckt auf informationstechnische Systeme zugegriffen wurde. Die Benachrichtigung unterbleibt, soweit überwiegende schutzwürdige Belange einer betroffenen Person entgegenstehen. Zudem kann die Benachrichtigung einer in Satz 1 Nummer 2, 4 und 5 bezeichneten Person, gegen die sich die Maßnahme nicht gerichtet hat, unterbleiben, wenn diese von der Maßnahme nur unerheblich betroffen wurde. Nachforschungen zur Feststellung der Identität oder des Aufenthaltsortes einer in Satz 1 bezeichneten Person sind nur vorzunehmen, wenn dies unter Berücksichtigung der Eingriffsintensität der Maßnahme gegenüber dieser Person, des Aufwands für die Feststellung sowie der daraus für diese oder andere Personen folgenden Beeinträchtigungen geboten ist. Bezieht sich die Benachrichtigung auf Daten, die an oder von Verfassungsschutzbehörden des Bundes oder der Länder oder die an den oder von dem Bundesnachrichtendienst oder Militärischen Abschirmdienst übermittelt wurden, ist sie nur nach Zustimmung dieser Stellen zulässig.

(2) Die Benachrichtigung erfolgt, sobald dies ohne Gefährdung des Zwecks der Maßnahme, der eingesetzten Polizeibeamtinnen und Polizeibeamten oder Vertrauenspersonen oder der in der jeweiligen Befugnisnorm genannten Rechtsgüter geschehen kann. In den Fällen des Absatzes 1 Satz 1 Nummer 2 und bei Maßnahmen nach § 33b Absatz 9 ist auch eine Gefährdung der weiteren Verwendung von Vertrauenspersonen und verdeckt Ermittelnden als bedeutender Belang zu berücksichtigen. Ist wegen desselben Sachverhalts ein strafrechtliches Ermittlungsverfahren gegen die betroffene Person eingeleitet worden, ist die Benachrichtigung in Abstimmung mit der Staatsanwaltschaft zurückzustellen, solange der Stand des Ermittlungsverfahrens eine Benachrichtigung nicht zulässt.

(3) Die Benachrichtigung hat zumindest zu enthalten:

1. die Angaben nach § 46 Absatz 1,
2. die Rechtsgrundlage der Datenerhebung und gegebenenfalls der weiteren Verarbeitung,
3. Informationen über die mutmaßliche Dauer der Datenspeicherung oder, falls diese Angabe nicht möglich ist, Kriterien hierfür sowie
4. gegebenenfalls über die Kategorien der Empfänger der Daten.

(4) Wird die Benachrichtigung aus einem der in Absatz 2 genannten Gründe zurückgestellt, bedarf die weitere Zurückstellung der richterlichen Zustimmung, wenn sie nicht innerhalb des folgenden Zeitraums erfolgt:

1. sechs Monate nach Beendigung des Einsatzes technischer Mittel in Wohnungen nach § 33b oder des verdeckten Zugriffs auf informationstechnische Systeme nach § 33c oder § 33d Absatz 3 oder

2. ein Jahr nach Beendigung einer der übrigen in Absatz 1 Satz 1 Nummer 1 bis 6 bezeichneten Maßnahmen.

Sind mehrere Maßnahmen in einem engen zeitlichen Zusammenhang durchgeführt worden, so beginnt die in Satz 1 genannte Frist mit der Beendigung der letzten Maßnahme. Die richterliche Entscheidung ist vorbehaltlich einer anderen richterlichen Anordnung jeweils nach einem Jahr erneut einzuholen. Eine Benachrichtigung kann mit richterlicher Zustimmung frühestens nach dem Ablauf von fünf Jahren auf Dauer unterbleiben, wenn

1. überwiegende Interessen einer betroffenen Person entgegenstehen oder
2. die Voraussetzungen für eine Benachrichtigung mit an Sicherheit grenzender Wahrscheinlichkeit auch in Zukunft nicht eintreten werden

und eine Verwendung der Daten gegen die betroffene Person ausgeschlossen ist. In diesem Fall sind die Daten zu löschen.

§ 46b Benachrichtigung über die Speicherung personenbezogener Daten von Kindern und unter Betreuung stehenden Personen

Werden personenbezogene Daten von Kindern ohne Kenntnis der Sorgeberechtigten verarbeitet, sind die Sorgeberechtigten durch die verantwortliche Stelle zu benachrichtigen, sobald die Aufgabenerfüllung hierdurch nicht mehr gefährdet wird. Die Benachrichtigung kann zurückgestellt werden, solange zu besorgen ist, dass die Benachrichtigung zu erheblichen Nachteilen für das Kind führt; § 46a Absatz 4 gilt entsprechend. Satz 1 und 2 gelten sinngemäß für unter Betreuung stehende Personen.

§ 46c Benachrichtigung betroffener Personen bei Verletzungen des Schutzespersonenbezogener Daten

(1) Hat eine Verletzung des Schutzes personenbezogener Daten voraussichtlich eine hohe Gefährdung für Rechtsgüter betroffener Personen zur Folge, hat die verantwortliche Stelle diese Personen unverzüglich über den Vorfall zu benachrichtigen.

(2) Die Benachrichtigung nach Absatz 1 hat in allgemein verständlicher Weise die Art der Verletzung des Schutzes personenbezogener Daten zu beschreiben und zumindest die folgenden Angaben zu enthalten:

1. den Namen und die Kontaktdaten der oder des behördlichen Datenschutzbeauftragten oder einer sonstigen Person oder Stelle, die weitere Informationen erteilen kann,

2. eine Beschreibung der wahrscheinlichen Folgen der Verletzung und

3. eine Beschreibung der von der verantwortlichen Stelle ergriffenen oder vorgeschlagenen Maßnahmen zur Behandlung der Verletzung und der getroffenen Maßnahmen zur Abmilderung ihrer möglichen nachteiligen Auswirkungen.

(3) Die Benachrichtigung der betroffenen Personen nach Absatz 1 kann zurückgestellt oder eingeschränkt werden oder unterbleiben, soweit und solange

1. die Benachrichtigung die öffentliche Sicherheit gefährden oder sonst dem Wohle des Bundes oder eines Landes Nachteile bereiten würde,

2. die personenbezogenen Daten oder die Tatsache ihrer Verarbeitung nach einer Rechtsvorschrift geheim zu halten sind,

3. die Benachrichtigung die Sicherheit von Datenverarbeitungssystemen gefährden würde,

4. die Benachrichtigung die Rechtsgüter einer anderen Person gefährden würde oder

5. die Benachrichtigung die Erfüllung der Aufgaben nach diesem Gesetz gefährden oder wesentlich erschweren würde

und soweit nicht die Interessen der betroffenen Person aufgrund der von der Verletzung ausgehenden Gefährdung im Sinne des Absatzes 1 überwiegen.

(4) Die Benachrichtigung nach Absatz 1 kann unterbleiben, wenn

1. die verantwortliche Stelle für die von der Verletzung betroffenen Daten geeignete technische und organisatorische

Sicherheitsvorkehrungen getroffen hat; dies gilt insbesondere für Vorkehrungen wie Verschlüsselungen, durch die die Daten für unbefugte Personen unzugänglich gemacht wurden;

2. die verantwortliche Stelle durch unmittelbar im Anschluss an die Verletzung getroffene Maßnahmen sichergestellt hat, dass aller Wahrscheinlichkeit nach keine Gefährdung im Sinne des Absatzes 1 mehr besteht, oder

3. dies, insbesondere wegen der Vielzahl betroffener Personen, mit einem unverhältnismäßigen Aufwand verbunden wäre; in diesem Fall hat die verantwortliche Stelle die Verletzung nach Maßgabe des Absatzes 2 öffentlich bekannt zu machen oder eine ähnlich wirksame Maßnahme zur Information zu ergreifen.

(5) Wenn die verantwortliche Stelle die betroffenen Personen über eine Verletzung des Schutzes personenbezogener Daten nicht benachrichtigt hat, kann die oder der Landesbeauftragte für den Datenschutz die Nachholung von der verantwortlichen Stelle verlangen oder förmlich feststellen, dass ihrer oder seiner Auffassung nach die in Absatz 4 genannten Voraussetzungen nicht erfüllt sind. Hierbei hat sie oder er die Wahrscheinlichkeit zu berücksichtigen, dass die Verletzung eine Gefährdung im Sinne des Absatzes 1 zur Folge hat.

(6) In einem Straf- oder Ordnungswidrigkeitenverfahren gegen die meldepflichtige oder benachrichtigende Person oder einen ihrer in § 52 Absatz 1 der Strafprozessordnung bezeichneten Angehörigen darf eine Benachrichtigung nach Absatz 1 nur mit Zustimmung der meldepflichtigen oder benachrichtigenden Person verwendet werden.

§ 46d Dokumentationspflichten

(1) Die verantwortliche Stelle und der Auftragsverarbeiter haben zu jeder Maßnahme insbesondere Folgendes zu dokumentieren:

1. die Rechtsgrundlage der Erhebung personenbezogener Daten und der der Erhebung zugrundeliegende Sachverhalt,

2. die Weiterverarbeitung personenbezogener Daten im Sinne des § 36 Absatz 1 und die Zweckänderung sowie deren Gründe,

3. die sonstige weitere Verwendung personenbezogener Daten, insbesondere die Abfrage, die Offenlegung einschließlich Übermittlung, die Kombination, die Einschränkung der Verarbeitung und die Löschung, sowie die Gründe der weiteren Verwendung; bei einer Berichtigung, Ergänzung und Löschung fehlerhafter, unvollständiger und unrichtiger Daten zusätzlich auch den Zeitraum und die Gründe, die zur Fehlerhaftigkeit, Unvollständigkeit oder Unrichtigkeit geführt haben,

4. den auch nur vorübergehenden Verzicht auf die Löschung personenbezogener Daten sowie deren Gründe,

5. die Benachrichtigung von Datenempfängern in Fällen von § 45 Absatz 5,

6. die Festlegung von Prüffristen nach § 45a sowie deren Bemessungsgründe,

7. die Benachrichtigung betroffener Personen nach den §§ 46a bis 46c, die Zurückstellung sowie das Unterbleiben der Benachrichtigung sowie die Gründe und

8. die Benachrichtigung der oder des Landesbeauftragten für den Datenschutz.

Im Rahmen der Dokumentation sind auch das Datum und soweit erforderlich die Uhrzeit des Verarbeitungsvorgangs festzuhalten. Bei der Übermittlung personenbezogener Daten muss zudem aus der Dokumentation die Aktenfundstelle, die Identität der übermittelnden Person, welche Daten übermittelt wurden und deren Empfänger erkennbar sein.

(2) Dokumentationen zu den in § 46f Absatz 2 genannten verdeckten und eingriffsintensiven Maßnahmen müssen zusätzlich den in §§ 46e und 46f aufgeführten Protokollierungen entsprechen. Die den Protokollierungen entsprechenden Dokumentationen sind ebenso wie Dokumentationen zu Datenübermittlungen an Drittstaaten und weitere zwischen- und überstaatliche Stellen nach den §§ 39d bis 39h sowie nach der Verordnung (EU) 2016/679 mindestens bis zum Abschluss der Kontrolle nach § 48b Absatz 6 aufzubewahren.

(3) Soweit die Dokumentationen den Protokollierungen in § 46f entsprechen, dürfen sie nur zu den in § 46f Absatz 4 Satz 1 genannten Zwecken

verwendet werden. Im Übrigen dürfen Dokumentationen zu den in § 46e Absatz 4 Satz 1 genannten Zwecken verwendet werden.

§ 46e Protokollierungspflichten

(1) In automatisierten Verfahren nach § 42 haben die verantwortlichen Stellen und die Auftragsverarbeiter mindestens die folgenden Verarbeitungsvorgänge zu protokollieren:

1. Erhebung,
2. Veränderung,
3. Abfrage,
4. Offenlegung einschließlich Übermittlung,
5. Kombination und
6. Löschung.

(2) Die Protokolle über Abfragen und Offenlegungen müssen es ermöglichen, die Begründung, das Datum und die Uhrzeit dieser Vorgänge und so weit wie möglich die Identität der Person, die die personenbezogenen Daten abgefragt oder offengelegt hat, und die Identität des Empfängers der Daten festzustellen.

(3) Die Protokollierung erfolgt in einer Weise, dass die Protokolle

1. der oder dem behördlichen Datenschutzbeauftragten und der oder dem Landesbeauftragten für den Datenschutz in elektronisch auswertbarer Form für die Überprüfung der Rechtmäßigkeit der Datenverarbeitung zur Verfügung stehen und
2. eine Überprüfung ermöglichen, dass Zugriffe auf personenbezogene Daten im automatisierten Verfahren innerhalb festgelegter Zugriffsberechtigungen erfolgen.

(4) Protokollierungen dürfen nur verwendet werden

1. zur Erfüllung von Informationspflichten nach § 46,
2. zur Erfüllung von Benachrichtigungspflichten nach den §§ 46a bis 46c,

3. zur Überprüfung der Rechtmäßigkeit der Datenverarbeitung, auch durch die betroffene Person, einschließlich der Eigenüberwachung,

4. zur Gewährleistung der Integrität und Sicherheit der personenbezogenen Daten,

5. zur Verhütung und Verfolgung von Straftaten oder Ordnungswidrigkeiten,

6. soweit dies nach § 48h zur Erstellung der Berichte und Unterrichtungen erforderlich ist.

Sie sind, soweit gesetzlich nichts anderes bestimmt ist, am Ende des auf deren Generierung folgenden Jahres zu löschen, es sei denn, dass sie für die in Satz 1 genannten Zwecke noch erforderlich sind. Bei den in § 46f Absatz 2 genannten Maßnahmen und bei der Übermittlung personenbezogener Daten an Drittstaaten und weitere zwischen- und überstaatliche Stellen nach den §§ 39d bis 39h sowie nach der Verordnung (EU) 2016/679 tritt an die Stelle der in Satz 2 bestimmten Frist die in § 48b Absatz 6 genannte Frist.

(5) Protokollierungen sind durch technische und organisatorische Maßnahmen zu sichern und der oder dem Landesbeauftragten für den Datenschutz auf Verlangen zur Verfügung zu stellen.

(6) Abweichende Regelungen bestimmt § 115 Absatz 3.

§ 46f Protokollierungspflichten bei verdeckten und eingriffsintensiven Maßnahmen

(1) Bei den in § 46a Absatz 1 Satz 1 aufgeführten Maßnahmen sind neben den nach § 46e zu protokollierenden Vorgängen zu protokollieren:

1. das zur Datenerhebung eingesetzte Mittel,

2. der Zeitpunkt des Einsatzes,

3. Angaben, die die Feststellung der erhobenen Daten ermöglichen, sowie

4. die Organisationseinheit, die die Maßnahme durchführt.

(2) Zu protokollieren sind auch

1. bei Feststellung der Identität von Personen auf Übersichtsaufzeichnungen nach § 32 Absatz 1 Satz 1 Nummer 2 Satz 2 die Adressaten der Maßnahme,
2. bei Einsatz besonderer Mittel der Datenerhebung nach § 33 Absatz 1
   a) die Adressaten der Maßnahme,
   b) diejenigen, deren personenbezogene Daten verarbeitet wurden und
   c) diejenigen, deren nicht allgemein zugängliche Wohnung betreten wurde,
3. bei Einsatz technischer Mittel in Wohnungen nach § 33b die von der Maßnahme betroffenen Personen, auch wenn die Maßnahme nach § 33b Absatz 9 als Personenschutzmaßnahme erfolgt ist,
4. bei verdecktem Zugriff auf informationstechnische Systeme nach § 33c und nach § 33d Absatz 3
   a) die Adressaten der Maßnahme,
   b) diejenigen, deren personenbezogene Daten im Rahmen einer solchen Maßnahme verarbeitet wurden und
   c) die Angaben zur Identifizierung des informationstechnischen Systems und die daran vorgenommenen nicht nur flüchtigen Veränderungen,
5. sonstigen Eingriffen in den Telekommunikationsbereich nach § 33d oder Inanspruchnahme von Diensteanbietern nach den §§ 33e bis 33g
   a) die Adressaten der Maßnahme und
   b) diejenigen, deren personenbezogene Daten im Rahmen einer solchen Maßnahme verarbeitet wurden,
6. bei Ausschreibung zur polizeilichen Beobachtung oder gezielten Kontrolle nach § 35
   a) die Adressaten der Maßnahme und

b) diejenigen, deren personenbezogene Daten verarbeitet wurden,

7. bei Rasterfahndung nach § 44

   a) die im Übermittlungsersuchen nach § 44 Absatz 2 Satz 1 enthaltenen Merkmale und

   b) die Personen, gegen die nach Auswertung der Daten weitere Maßnahmen durchgeführt wurden,

8. bei elektronischer Aufenthaltsüberwachung nach § 67a die Adressaten der Maßnahme, wenn Bewegungsbilder erstellt wurden.

(3) Nachforschungen zur Feststellung der Identität einer in Absatz 2 bezeichneten Person sind nur vorzunehmen, wenn dies unter Berücksichtigung der Eingriffsintensität der Maßnahme gegenüber dieser Person, des Aufwands für die Feststellung ihrer Identität sowie der daraus für diese oder andere Personen folgenden Beeinträchtigungen geboten ist. Die Zahl der Personen, deren Protokollierung unterblieben ist, ist im Protokoll anzugeben.

(4) Diese Protokolldaten dürfen nur verwendet werden für Zwecke der Benachrichtigung nach den §§ 46a bis 46c und § 48d, soweit erforderlich für die Erstellung der Berichte und Unterrichtungen nach § 48h oder um der betroffenen Person oder einer dazu befugten öffentlichen Stelle die Prüfung zu ermöglichen, ob die Maßnahmen rechtmäßig durchgeführt worden sind. Sie sind bis zum Abschluss der Kontrolle nach § 48b Absatz 6 aufzubewahren und sodann automatisiert zu löschen, es sei denn, dass sie für den in Satz 1 genannten Zweck noch erforderlich sind.

§ 46g Kennzeichnungspflichten

(1) Bei der Speicherung in automatisierten polizeilichen Verfahren nach § 42 sind personenbezogene Daten wie folgt zu kennzeichnen:

1. Angabe des Mittels der Erhebung der Daten einschließlich der Angabe, ob die Daten offen oder verdeckt erhoben wurden,

2. Angabe der Kategorie nach § 25a Absatz 2 bei Personen, zu denen Grunddaten nach § 3 Absatz 5 Nummer 2 angelegt wurden,

3. Angabe der

a) Rechtsgüter, deren Schutz ihre Erhebung dient oder

b) Straftaten oder Ordnungswidrigkeiten, deren Verfolgung oder Verhütung ihre Erhebung dient,

4. Angabe der Stelle, die sie erhoben hat,

5. falls zutreffend die Angabe, dass sie in oder aus Wohn- oder Geschäftsräumen oder befriedetem Besitztum erhoben wurden,

6. falls zutreffend die Angabe, dass es sich um kernbereichsrelevante Daten nach § 26a handelt, soweit diese nicht unverzüglich gelöscht werden konnten,

7. falls zutreffend die Angabe, dass es sich um Daten nach § 26b, die den Schutz zeugnisverweigerungsberechtigter Personen betreffen, handelt, soweit diese nicht unverzüglich gelöscht werden konnten,

8. falls zutreffend die Angaben, ob sie beim Diensteanbieter erhoben wurden und um welche konkrete Datenart es sich handelt; im Fall des § 33d auch die Angabe, auf welcher konkreten Rechtsgrundlage des Telekommunikationsgesetzes der Diensteanbieter die Daten gespeichert hat,

9. falls zutreffend die Angabe, dass es sich um besondere Kategorien personenbezogener Daten nach § 3 Absatz 5 Nummer 3 handelt,

10. falls zutreffend die Angaben, dass es sich bei ihnen um eine persönliche Einschätzung oder Beurteilung handelt und welche Stelle die Unterlagen führt, die der auf einer persönlichen Einschätzung beruhenden Beurteilung zugrunde liegen.

Die Kennzeichnung nach Satz 1 Nummer 1 kann auch durch die Angabe der Rechtsgrundlage der jeweiligen Mittel der Datenerhebung ergänzt werden. Sollen personenbezogene Daten zu einem anderen Zweck als dem, zu dem sie erhoben wurden, weiterverarbeitet werden, sind sie zu kennzeichnen.

(2) Personenbezogene Daten, die nicht entsprechend den Anforderungen des Absatzes 1 gekennzeichnet sind, dürfen so lange nicht weiterverarbeitet oder übermittelt werden, bis eine Kennzeichnung entsprechend den Anforderungen des Absatzes 1 erfolgt ist.

(3) Durch geeignete technische Maßnahmen ist sicherzustellen, dass die Kennzeichnung auch nach einer Übermittlung an eine andere Stelle erhalten bleibt. Nach einer Übermittlung an eine andere Stelle ist die Kennzeichnung nach Absatz 1 durch diese Stelle aufrechtzuerhalten.

(4) Abweichende Regelungen bestimmt § 115 Absatz 1 und 2.

§ 46h Datenschutz durch Technikgestaltung und datenschutzfreundliche Voreinstellungen

(1) Die verantwortliche Stelle hat sowohl zum Zeitpunkt der Festlegung der Mittel für die Verarbeitung als auch zum Zeitpunkt der Verarbeitung selbst angemessene Vorkehrungen zu treffen, die geeignet sind, die Datenschutzgrundsätze wie etwa die Datensparsamkeit wirksam umzusetzen, und die sicherstellen, dass die gesetzlichen Anforderungen eingehalten und die Rechte der betroffenen Personen geschützt werden. Sie hat hierbei den Stand der Technik, die Implementierungskosten und die Art, den Umfang, die Umstände und die Zwecke der Verarbeitung sowie die unterschiedliche Eintrittswahrscheinlichkeit und Schwere der mit der Verarbeitung verbundenen Gefahren für die Rechtsgüter der betroffenen Personen zu berücksichtigen. Insbesondere sind die Verarbeitung personenbezogener Daten und die Auswahl und Gestaltung von Datenverarbeitungssystemen an dem Ziel auszurichten, so wenig personenbezogene Daten wie möglich zu verarbeiten. Personenbezogene Daten sind zum frühestmöglichen Zeitpunkt zu anonymisieren oder zu pseudonymisieren, soweit dies nach dem Verarbeitungszweck möglich ist.

(2) Die verantwortliche Stelle hat geeignete technische und organisatorische Maßnahmen zu treffen, die sicherstellen, dass durch Voreinstellungen grundsätzlich nur solche personenbezogenen Daten verarbeitet werden können, deren Verarbeitung für den jeweiligen bestimmten Verarbeitungszweck erforderlich ist. Dies betrifft die Menge der erhobenen Daten, den Umfang ihrer Verarbeitung, ihre Speicherfrist und ihre Zugänglichkeit. Die Maßnahmen müssen insbesondere gewährleisten, dass die Daten durch Voreinstellungen nicht automatisiert einer unbestimmten Anzahl von Personen zugänglich gemacht werden können.

(3) Die Einhaltung eines genehmigten Zertifizierungsverfahrens gemäß Artikel 42 der Verordnung (EU) 2016/679 durch die verantwortliche

Stelle kann als Umstand zum Nachweis für die Erfüllung der Anforderungen in den Absätzen 1 und 2 dienen.

§ 46i Anforderungen an die Sicherheit der Datenverarbeitung

(1) Die verantwortliche Stelle und der Auftragsverarbeiter haben unter Berücksichtigung des Stands der Technik, der Implementierungskosten, der Art, des Umfangs, der Umstände und der Zwecke der Verarbeitung sowie der Eintrittswahrscheinlichkeit und der Schwere der mit der Verarbeitung verbundenen Gefahren für die Rechtsgüter der betroffenen Personen die erforderlichen technischen und organisatorischen Maßnahmen zu treffen, um bei der Verarbeitung personenbezogener Daten ein dem Risiko angemessenes Schutzniveau zu gewährleisten, insbesondere im Hinblick auf die Verarbeitung besonderer Kategorien personenbezogener Daten. Die verantwortliche Stelle hat hierbei die einschlägigen Standards, Technischen Richtlinien und Empfehlungen des Bundesamtes für Sicherheit in der Informationstechnik zu berücksichtigen. Die Einhaltung genehmigter Verhaltensregeln gemäß Artikel 40 der Verordnung (EU) 2016/679 oder eines genehmigten Zertifizierungsverfahrens gemäß Artikel 42 der Verordnung (EU) 2016/679 kann als Umstand zum Nachweis der Erfüllung der Anforderungen nach den Absätzen 1 bis 3 dienen.

(2) Die in Absatz 1 genannten Maßnahmen sollen unter anderem die Pseudonymisierung und Verschlüsselung personenbezogener Daten umfassen, soweit solche Mittel in Anbetracht der Verarbeitungszwecke möglich sind. Die Maßnahmen nach Absatz 1 sollen dazu führen, dass

1. die Vertraulichkeit, Integrität, Verfügbarkeit und Belastbarkeit der Systeme und Dienste im Zusammenhang mit der Verarbeitung auf Dauer sichergestellt werden und
2. die Verfügbarkeit der personenbezogenen Daten und der Zugang zu ihnen bei einem physischen oder technischen Zwischenfall rasch wiederhergestellt werden können.

(3) Im Fall einer automatisierten Verarbeitung haben die verantwortliche Stelle und der Auftragsverarbeiter nach einer Risikobewertung Maßnahmen zu ergreifen, die Folgendes bezwecken:

1. Verwehrung des Zugangs für Unbefugte zu Verarbeitungsanlagen, mit denen die Verarbeitung durchgeführt wird (Zugangskontrolle),
2. Verhinderung des unbefugten Lesens, Kopierens, Veränderns oder Löschens von Datenträgern (Datenträgerkontrolle),
3. Verhinderung der unbefugten Eingabe von personenbezogenen Daten sowie der unbefugten Kenntnisnahme, Veränderung und Löschung von gespeicherten personenbezogenen Daten (Speicherkontrolle),
4. Verhinderung der Nutzung automatisierter Verarbeitungssysteme mithilfe von Einrichtungen zur Datenübertragung durch Unbefugte (Benutzerkontrolle),
5. Gewährleistung, dass die zur Benutzung eines automatisierten Verarbeitungssystems Berechtigten ausschließlich zu den von ihrer Zugangsberechtigung umfassten personenbezogenen Daten Zugang haben (Zugriffskontrolle),
6. Gewährleistung, dass überprüft und festgestellt werden kann, an welche Stellen personenbezogene Daten mithilfe von Einrichtungen zur Datenübertragung übermittelt oder zur Verfügung gestellt wurden oder werden können (Übertragungskontrolle),
7. Gewährleistung, dass nachträglich überprüft und festgestellt werden kann, welche personenbezogenen Daten zu welcher Zeit und von wem in automatisierte Verarbeitungssysteme eingegeben oder verändert worden sind (Eingabekontrolle),
8. Gewährleistung, dass bei der Übermittlung personenbezogener Daten sowie beim Transport von Datenträgern die Vertraulichkeit und Integrität der Daten geschützt werden (Transportkontrolle),
9. Gewährleistung, dass eingesetzte Systeme im Störungsfall wiederhergestellt werden können (Wiederherstellbarkeit),
10. Gewährleistung, dass alle Funktionen des Systems zur Verfügung stehen und auftretende Fehlfunktionen gemeldet werden (Zuverlässigkeit),

11. Gewährleistung, dass gespeicherte personenbezogene Daten nicht durch Fehlfunktionen des Systems beschädigt werden können (Datenintegrität),

12. Gewährleistung, dass personenbezogene Daten, zu denen der verantwortlichen Stelle oder dem Auftragsverarbeiter unterstellte Personen Zugang haben, nur entsprechend den Weisungen der verantwortlichen Stelle verarbeitet werden können (Auftragskontrolle),

13. Gewährleistung, dass personenbezogene Daten gegen Zerstörung oder Verlust geschützt sind (Verfügbarkeitskontrolle),

14. Gewährleistung, dass zu unterschiedlichen Zwecken erhobene personenbezogene Daten getrennt verarbeitet werden können (Trennbarkeit).

Ein Zweck nach Satz 1 Nummer 2 bis 5 kann insbesondere durch die Verwendung von dem Stand der Technik entsprechenden Verschlüsselungsverfahren erreicht werden.

(4) Die Maßnahmen zur Datensicherheit sind regelmäßig auf ihre Wirksamkeit hin zu überprüfen und zu bewerten.

§ 46j Vertrauliche Meldung von Verstößen

Die verantwortliche Stelle hat zu ermöglichen, dass ihr vertrauliche Meldungen über in ihrem Verantwortungsbereich erfolgende Verstöße gegen Datenschutzvorschriften zugeleitet werden können.

§ 46k Auftragsverarbeitung

(1) Erfolgt die Verarbeitung personenbezogener Daten im Auftrag durch andere Personen oder Stellen, bleibt die beauftragende Stelle verantwortliche Stelle und hat für die Einhaltung der Vorschriften dieses Gesetzes und anderer Vorschriften über den Datenschutz zu sorgen. Die Rechte der betroffenen Personen auf Auskunft, Berichtigung, Löschung, Einschränkung der Verarbeitung und Schadensersatz sind in diesem Fall gegenüber der verantwortlichen Stelle geltend zu machen.

(2) Die verantwortliche Stelle hat den Auftragsverarbeiter insbesondere unter Berücksichtigung der Art der zu verarbeitenden Daten sorgfältig auszuwählen. Der Auftragsverarbeiter muss mit geeigneten technischen und organisatorischen Maßnahmen sicherstellen können, dass die

Verarbeitung im Einklang mit den gesetzlichen Anforderungen erfolgt und der Schutz der Rechte der betroffenen Personen gewährleistet wird. Die Einhaltung genehmigter Verhaltensregeln gemäß Artikel 40 der Verordnung (EU) 2016/679 oder eines genehmigten Zertifizierungsverfahrens gemäß Artikel 42 der Verordnung (EU) 2016/679 durch einen Auftragsverarbeiter kann als Umstand zur Begründung für dessen Geeignetheit im Sinne des Satzes 2 dienen.

(3) Auftragsverarbeiter dürfen ohne vorherige schriftliche Genehmigung der verantwortlichen Stelle keine weiteren Auftragsverarbeiter hinzuziehen. Hat die verantwortliche Stelle dem Auftragsverarbeiter eine allgemeine Genehmigung zur Hinzuziehung weiterer Auftragsverarbeiter erteilt, hat der Auftragsverarbeiter die verantwortliche Stelle über jede beabsichtigte Hinzuziehung oder Ersetzung zu informieren. Die verantwortliche Stelle kann in diesem Fall die Hinzuziehung oder Ersetzung untersagen.

(4) Zieht ein Auftragsverarbeiter einen weiteren Auftragsverarbeiter hinzu, so hat er diesem dieselben Verpflichtungen aus seinem Vertrag mit der verantwortlichen Stelle nach Absatz 5 aufzuerlegen, die auch für ihn gelten, soweit diese Pflichten für den weiteren Auftragsverarbeiter nicht schon aufgrund anderer Vorschriften verbindlich sind. Absatz 2 gilt entsprechend. Erfüllt ein weiterer Auftragsverarbeiter diese Verpflichtungen nicht, so haftet der ihn beauftragende Auftragsverarbeiter gegenüber der verantwortlichen Stelle für die Einhaltung der Pflichten des weiteren Auftragsverarbeiters.

(5) Die Auftragsverarbeitung ist in einem Vertrag oder einer anderen verbindlichen Regelung auszugestalten, der oder die den Gegenstand, die Dauer, die Art und den Zweck der Verarbeitung, die Art der personenbezogenen Daten, die Kategorien betroffener Personen und die Rechte und Pflichten der verantwortlichen Stelle festlegt. Der Vertrag oder die andere Regelung haben insbesondere vorzusehen, dass der Auftragsverarbeiter

1. nur auf dokumentierte Weisung der verantwortlichen Stelle handelt; ist der Auftragsverarbeiter der Ansicht, dass eine Weisung des Auftraggebers gegen eine Vorschrift über den Datenschutz verstößt, hat er den Auftraggeber unverzüglich darauf hinzuweisen;

2. gewährleistet, dass die zur Verarbeitung der personenbezogenen Daten befugten Personen zur Vertraulichkeit verpflichtet werden, soweit sie keiner angemessenen gesetzlichen Verschwiegenheitspflicht unterliegen;

3. die verantwortliche Stelle mit geeigneten Mitteln dabei unterstützt, die Einhaltung der Bestimmungen über die Rechte der betroffenen Person zu gewährleisten;

4. alle personenbezogenen Daten nach Abschluss der Erbringung der Verarbeitungsleistungen nach Wahl der verantwortlichen Stelle zurückgibt oder löscht und bestehende Kopien vernichtet, wenn nicht nach einer Rechtsvorschrift eine Verpflichtung zur Speicherung der Daten besteht;

5. der verantwortlichen Stelle alle erforderlichen Informationen, insbesondere die gemäß den §§ 46d bis 46f erstellten Dokumentationen und Protokolle, zum Nachweis der Einhaltung seiner Pflichten zur Verfügung stellt;

6. Überprüfungen durch die verantwortliche Stelle, eine von dieser beauftragten Prüferin oder einen von dieser beauftragten Prüfer oder die Landesbeauftragte oder den Landesbeauftragten für den Datenschutz ermöglicht und diese unterstützt;

7. die in den Absätzen 3 und 4 aufgeführten Bedingungen für die Inanspruchnahme der Dienste eines weiteren Auftragsverarbeiters einhält;

8. alle gemäß § 46i erforderlichen Maßnahmen ergreift und

9. unter Berücksichtigung der Art der Verarbeitung und der ihm zur Verfügung stehenden Informationen die verantwortliche Stelle bei der Einhaltung der in den §§ 45b, 46c, 46i, 48c und 48d genannten Pflichten unterstützt.

(6) Der Vertrag im Sinne des Absatzes 5 bedarf der Schriftform; § 3a des Landesverwaltungsverfahrensgesetzes gilt entsprechend. Die oder der Landesbeauftragte für den Datenschutz ist über die Beauftragung zu informieren.

(7) Ein Auftragsverarbeiter, der die Zwecke und Mittel der Verarbeitung

unter Verstoß gegen diese Vorschrift bestimmt, gilt in Bezug auf diese Verarbeitung als verantwortliche Stelle.

Unterabschnitt 5
Rechte der betroffenen Person (§§ 47 - 48a)

§ 47 Recht auf Anrufung der oder des Landesbeauftragten für den Datenschutz

Jede betroffene Person kann sich unbeschadet anderweitiger Rechtsbehelfe mit einer Beschwerde an die Landesbeauftragte oder den Landesbeauftragten für den Datenschutz wenden, wenn sie der Auffassung ist, bei der Verarbeitung ihrer personenbezogenen Daten nach diesem Gesetz durch die Polizei oder Ordnungsbehörden in ihren Rechten verletzt worden zu sein.

§ 48 Recht auf Auskunft und Akteneinsicht

(1) Die verantwortliche Stelle teilt einer Person auf deren schriftlichen Antrag gebührenfrei mit, ob sie betreffende personenbezogene Daten verarbeitet werden. Ist dies der Fall, erhält die Person ihrem Antrag entsprechend Auskunft über sie betreffende personenbezogene Daten und über

1. die Rechtsgrundlage und die Zwecke der Verarbeitung,
2. verfügbare Informationen zur Herkunft der Daten oder, falls dies im Einzelfall nicht möglich ist, zu den Kategorien personenbezogener Daten, die verarbeitet werden,
3. die Empfänger, gegenüber denen die personenbezogenen Daten offengelegt wurden,
4. die für deren Speicherung vorgesehene Dauer oder, falls dies im Einzelfall nicht möglich ist, die Kriterien für deren Festlegung,
5. die bestehenden Rechte auf Berichtigung, Löschung oder Einschränkung der Verarbeitung gemäß § 48a und
6. die Kontaktdaten der oder des Landesbeauftragten für den Datenschutz und die Möglichkeit, bei ihr oder ihm Beschwerde nach § 47 einzulegen.

Bestehen begründete Zweifel an der Identität der antragstellenden Person, kann die Erteilung der Auskunft von der Erbringung geeigneter Nachweise abhängig gemacht werden.

(2) Wurden personenbezogene Daten von anderen oder an andere Stellen übermittelt, gibt die verantwortliche Stelle diesen vor Erteilung der Auskunft Gelegenheit zur Stellungnahme. Ergibt sich aus der Stellungnahme, dass eine Auskunftserteilung die Aufgabenerfüllung dieser Stellen gefährden würde, unterbleibt die Auskunft. Die Auskunft zur Übermittlung personenbezogener Daten von oder an Verfassungsschutzbehörden des Bundes oder der Länder, den Bundesnachrichtendienst oder den Militärischen Abschirmdienst, wird nur mit Zustimmung dieser Stellen erteilt.

(3) Ein Auskunftsanspruch besteht nicht, wenn eine Auskunft bereits erteilt wurde und die gespeicherten personenbezogenen Daten sich nicht geändert haben oder die Auskunft offensichtlich missbräuchlich verlangt wird. Darüber hinaus gelten für das Zurückstellen, Einschränken oder Unterbleiben der Auskunft die §§ 46a bis 46c entsprechend. Die Regelungen zu den Benachrichtigungspflichten nach den §§ 46a bis 46c bleiben unberührt.

(4) Sind personenbezogene Daten in Akten oder nicht automatisierten Dateisystemen gespeichert, ist der betroffenen Person auf schriftlichen Antrag bei der verantwortlichen Stelle unter den Voraussetzungen der Absätze 1 bis 3 gebührenfrei Einsicht in die jeweiligen sie betreffenden Akten oder Dateien zu gewähren. Die Einsichtnahme darf nicht erfolgen, wenn die personenbezogenen Daten der betroffenen Person mit personenbezogenen Daten Dritter im Sinne von § 3 Absatz 4 Nummer 2 oder geheimhaltungsbedürftigen nicht personenbezogenen Daten derart verbunden sind, dass ihre Trennung nicht oder nur mit unverhältnismäßig großem Aufwand möglich ist. In diesem Fall ist der betroffenen Person jedoch über die zu ihr gespeicherten Daten Auskunft zu erteilen. Rechtsvorschriften über die Akteneinsicht im Verwaltungsverfahren bleiben unberührt.

(5) Die betroffene Person wird unverzüglich durch die verantwortliche Stelle darüber in Kenntnis gesetzt, wie mit dem Antrag nach Absatz 1 oder 4 verfahren wird, falls über ihn nicht unverzüglich entschieden wird. Soweit ein Antrag abgelehnt wird, ist die betroffene Person

hierüber unter Mitteilung der Gründe schriftlich zu unterrichten und darauf hinzuweisen, dass sie Beschwerde bei der oder dem Landesbeauftragten für den Datenschutz einlegen oder ihre Rechte auch über diese oder diesen ausüben kann. Die Mitteilung der Gründe unterbleibt, soweit und solange hierdurch

1. die Erfüllung der Aufgaben nach diesem Gesetz erheblich erschwert oder gefährdet werden würde,
2. die öffentliche Sicherheit oder Ordnung gefährdet würde, oder
3. überwiegende Rechte anderer Personen gefährdet werden würden.

Die Begründung für das Unterbleiben der Mitteilung der Gründe ist von der verantwortlichen Stelle zu dokumentieren. Sie sind der oder dem Landesbeauftragten für den Datenschutz für deren oder dessen Kontrolle in auswertbarer Weise zur Verfügung zu stellen, soweit nicht das Ministerium für Inneres und Europa im Einzelfall feststellt, dass dadurch die Sicherheit des Landes, eines anderen Bundeslandes oder des Bundes gefährdet würde. Eine Mitteilung der oder des Landesbeauftragten für den Datenschutz an die betroffene Person im Beschwerdeverfahren darf keine Rückschlüsse auf den Erkenntnisstand der verantwortlichen Stelle zulassen, sofern diese nicht einer weitergehenden Auskunft zustimmt.

(6) Wird ein Antrag nicht vollständig genehmigt oder über ihn nicht unverzüglich entschieden, ist die betroffene Person schriftlich darauf hinzuweisen, dass sie Beschwerde bei der oder dem Landesbeauftragten für den Datenschutz einlegen, ihre Rechte auch über diese oder diesen ausüben oder gerichtlichen Rechtsschutz in Anspruch nehmen kann.

(7) § 6 Absatz 5 des Landesdatenschutzgesetzes gilt entsprechend.

(8) Bei offensichtlich unbegründeten oder in ungebührlichem Umfang gestellten Anträgen können angemessene Kosten erhoben werden, soweit nicht ausnahmsweise schon von der Bearbeitung abgesehen werden kann.

§ 48a Recht auf Berichtigung, Ergänzung, Löschung sowie Einschränkung der Verarbeitung

(1) Die betroffene Person kann bei der verantwortlichen Stelle gebührenfrei die unverzügliche Berichtigung, Ergänzung, Löschung oder

Einschränkung der Verarbeitung ihrer personenbezogenen Daten schriftlich beantragen. Bestehen begründete Zweifel an der Identität der antragstellenden Person, kann die Bearbeitung ihres Anliegens von der Erbringung geeigneter Nachweise abhängig gemacht werden. Im Fall von Aussagen, Beurteilungen oder anderweitigen Wertungen betrifft die Frage der Richtigkeit der Daten nicht deren Inhalt, sondern die Tatsache, ob die Aussage, Beurteilung oder anderweitige Wertung so erfolgt ist. Kann die Richtigkeit der Daten nicht erwiesen werden, werden die Daten in der Verarbeitung eingeschränkt. In diesem Fall wird die betroffene Person unterrichtet, bevor die Verarbeitungseinschränkung aufgehoben wird.

(2) Die verantwortliche Stelle prüft nach Maßgabe des § 45 den Antrag. Sie hat die betroffene Person über die Genehmigung des Antrages beziehungsweise über ein Absehen von der Berichtigung, Ergänzung oder Löschung oder über die an deren Stelle tretende Einschränkung der Verarbeitung der personenbezogenen Daten schriftlich zu unterrichten; im Falle einer Ablehnung des Antrages sind der betroffenen Person auch die Gründe mitzuteilen. Die Mitteilung der Gründe unterbleibt, soweit und solange hierdurch

1. die Erfüllung polizeilicher Aufgaben nach diesem Gesetz erheblich erschwert oder gefährdet werden würde,
2. die öffentliche Sicherheit oder Ordnung gefährdet werden würde, oder
3. überwiegende Rechte anderer Personen gefährdet werden würden.

Falls über den Antrag nicht unverzüglich entschieden wird, wird die betroffene Person unverzüglich darüber in Kenntnis gesetzt, wie mit dem Antrag verfahren wird.

(3) § 48 Absatz 6 bis 8 gilt entsprechend.

Unterabschnitt 6
Datenschutzaufsichtliche und parlamentarische Kontrolle (§§ 48b - 48h)

§ 48b Aufsicht durch die Landesbeauftragte oder den Landesbeauftragten für den Datenschutz über die Datenverarbeitung

(1) Unbeschadet anderer Regelungen dieses Gesetzes nimmt die oder der Landesbeauftragte für den Datenschutz im Rahmen der Aufsicht über die Datenverarbeitung zu Zwecken der Richtlinie (EU) 2016/680 die Aufgaben entsprechend Artikel 57 Absatz 1 Buchstabe a bis i und t der Verordnung (EU) 2016/679 wahr und übt die Befugnisse entsprechend Artikel 58 Absatz 1, Absatz 2 Buchstabe a und b sowie Absatz 3 Buchstabe a und b dieser Verordnung aus.

(2) Weitergehende Maßnahmen darf die oder der Landesbeauftragte für den Datenschutz im Anwendungsbereich der Richtlinie (EU) 2016/680 nur anordnen, wenn dies zur Abwendung einer nach Ausübung der Befugnisse nach Absatz 1 fortbestehenden wesentlichen Verletzung datenschutzrechtlicher Vorschriften erforderlich ist und die Aufgabenwahrnehmung durch die verantwortliche Stelle dadurch nicht wesentlich beeinträchtigt wird. Eine Löschung von personenbezogenen Daten darf nicht angeordnet werden.

(3) Unbeschadet der Bestimmungen in Absatz 1 und 2 kann die oder der Landesbeauftragte für den Datenschutz festgestellte Verstöße gegen Vorschriften über den Datenschutz im Anwendungsbereich der Richtlinie (EU) 2016/680 beanstanden und ihre Behebung in angemessener Frist fordern. Sie oder er kann die Rechts- und Fachaufsichtsbehörde hierüber verständigen. Werden die beanstandeten Verstöße nicht behoben, kann sie oder er von den in Satz 2 genannten Stellen binnen angemessener Frist geeignete Maßnahmen fordern. Nach fruchtlosem Fristablauf kann die oder der Landesbeauftragte für den Datenschutz den Landtag und die Landesregierung verständigen.

(4) Übt die oder der Landesbeauftragte für den Datenschutz für die betroffene Person deren Rechte im Anwendungsbereich der Richtlinie (EU) 2016/680 aus, hat sie oder er die Rechtmäßigkeit der Verarbeitung zu überprüfen und die betroffene Person innerhalb einer angemessenen

Frist über das Ergebnis dieser Überprüfung zu unterrichten oder ihr die Gründe mitzuteilen, aus denen die Überprüfung nicht vorgenommen werden kann. Hierbei ist die betroffene Person auf die Rechtsschutzmöglichkeiten gegen die Landesbeauftragte oder den Landesbeauftragten für den Datenschutz hinzuweisen. Die Mitteilung an die betroffene Person darf keine Rückschlüsse auf den Erkenntnisstand der verantwortlichen Stelle zulassen, sofern diese Stelle nicht einer weitergehenden Auskunft zustimmt. Die oder der Landesbeauftragte für den Datenschutz hat eine bei ihr oder ihm eingelegte Beschwerde über eine Verarbeitung, die in die Zuständigkeit einer Aufsichtsbehörde des Bundes, eines anderen Landes oder in einem anderen Mitgliedstaat der Europäischen Union fällt, unverzüglich an die zuständige Aufsichtsbehörde weiterzuleiten. Sie oder er hat in diesem Fall die betroffene Person über die Weiterleitung zu unterrichten und ihr auf deren Ersuchen weitere Unterstützung zu leisten.

(5) Die Aufsicht durch die Landesbeauftragte oder den Landesbeauftragten für den Datenschutz im Anwendungsbereich der Richtlinie (EU) 2016/680 erstreckt sich nicht auf eine Datenverarbeitung, die gerichtlich überprüft wurde.

(6) Die oder der Landesbeauftragte für den Datenschutz führt zu den in § 46f Absatz 2 genannten Maßnahmen und zu Datenübermittlungen an Drittstaaten und weitere zwischen- und überstaatliche Stellen nach den §§ 39d bis 39h im Abstand von längstens zwei Jahren zumindest stichprobenartig Kontrollen durch. Dies gilt auch für Datenübermittlungen an Drittstaaten und weitere zwischen- und überstaatliche Stellen nach der Verordnung (EU) 2016/679.

§ 48c Zusammenarbeit mit der oder dem Landesbeauftragten für den Datenschutz und deren oder dessen Anhörung

(1) Die verantwortliche Stelle und der Auftragsverarbeiter haben mit der oder dem Landesbeauftragten für den Datenschutz bei der Erfüllung ihrer oder seiner Aufgaben zusammenzuarbeiten.

(2) Die verantwortliche Stelle hat vor der Inbetriebnahme von neu anzulegenden automatisierten Verfahren nach § 42 die Landesbeauftragte oder den Landesbeauftragten für den Datenschutz anzuhören, wenn

1. aus einer Datenschutz-Folgenabschätzung nach § 45b hervorgeht, dass die Verarbeitung ein hohes Risiko für die Rechtsgüter betroffener Personen zur Folge hätte, wenn die verantwortliche Stelle keine Abhilfemaßnahmen treffen würde, oder
2. die Form der Verarbeitung, insbesondere bei der Verwendung neuer Technologien, Mechanismen oder Verfahren, ein hohes Risiko für die Rechtsgüter betroffener Personen zur Folge hat.

Die oder der Landesbeauftragte für den Datenschutz kann eine Liste der Verarbeitungsvorgänge erstellen, die der Pflicht zur Anhörung nach Satz 1 unterliegen.

(3) Der oder dem Landesbeauftragten für den Datenschutz sind im Fall des Absatzes 2 vorzulegen:

1. die nach § 45b durchgeführte Datenschutz-Folgenabschätzung,
2. gegebenenfalls Angaben zu den jeweiligen Zuständigkeiten der verantwortlichen Stelle, der gemeinsam verantwortlichen Stellen und der an der Verarbeitung beteiligten Auftragsverarbeiter,
3. Angaben zu den Zwecken und Mitteln der beabsichtigten Verarbeitung,
4. Angaben zu den zum Schutz der Rechtsgüter der betroffenen Personen vorgesehenen Maßnahmen und Garantien und
5. Name und Kontaktdaten der oder des behördlichen Datenschutzbeauftragten.

Auf Anforderung sind ihr oder ihm zudem alle sonstigen Informationen zu übermitteln, die sie oder er benötigt, um die Rechtmäßigkeit der Verarbeitung sowie insbesondere die in Bezug auf den Schutz der personenbezogenen Daten der betroffenen Personen bestehenden Gefahren und die diesbezüglichen Garantien bewerten zu können.

(4) Ist die oder der Landesbeauftragte für den Datenschutz der Auffassung, dass die geplante Verarbeitung gegen gesetzliche Vorgaben verstoßen würde, insbesondere weil die verantwortliche Stelle das Risiko nicht ausreichend ermittelt oder keine ausreichenden Abhilfemaßnahmen getroffen hat, kann sie oder er der verantwortlichen Stelle und gegebenenfalls dem Auftragsverarbeiter innerhalb eines Zeitraums von

sechs Wochen nach Einleitung der Anhörung schriftliche Empfehlungen unterbreiten, welche Maßnahmen noch ergriffen werden sollten. Erfolgt die geplante Verarbeitung nicht zu Zwecken der Richtlinie (EU) 2016/680, beträgt die Frist acht Wochen. Die oder der Landesbeauftragte für den Datenschutz kann diese Frist im Anwendungsbereich der Richtlinie (EU) 2016/680 um einen Monat, in übrigen Fällen um sechs Wochen verlängern, wenn die geplante Verarbeitung besonders komplex ist. Sie oder er hat in diesem Fall innerhalb eines Monats nach Einleitung der Anhörung die verantwortliche Stelle und gegebenenfalls den Auftragsverarbeiter über die Fristverlängerung zu informieren. Die Fristen können durch die Landesbeauftragte oder den Landesbeauftragten für den Datenschutz ausgesetzt werden, bis die verantwortliche Stelle ihr oder ihm die zur Anhörung angeforderten Informationen zur Verfügung gestellt hat. Die Ausübung ihrer oder seiner sonstigen Befugnisse nach § 48b bleibt davon unberührt.

(5) Hat die beabsichtigte Verarbeitung zu Zwecken der Richtlinie (EU) 2016/680 erhebliche Bedeutung für die Aufgabenerfüllung der verantwortlichen Stelle und ist sie daher besonders dringlich, kann die verantwortliche Stelle mit der Verarbeitung nach Beginn der Anhörung, aber vor Ablauf der in Absatz 4 Satz 1 genannten Frist beginnen. In diesem Fall sind die Empfehlungen der oder des Landesbeauftragten für den Datenschutz im Nachhinein zu berücksichtigen und die Art und Weise der Verarbeitung daraufhin gegebenenfalls anzupassen.

(6) Vor dem Erlass oder der Änderung von Rechts- oder Verwaltungsvorschriften, die das Recht auf informationelle Selbstbestimmung berühren, ist die oder der Landesbeauftragte für den Datenschutz frühestmöglich anzuhören.

§ 48d Benachrichtigung der oder des Landesbeauftragten für den Datenschutz bei Verletzungen des Schutzes personenbezogener Daten

(1) Die verantwortliche Stelle hat eine Verletzung des Schutzes personenbezogener Daten unverzüglich, spätestens jedoch 72 Stunden nachdem sie ihr bekannt geworden ist, der oder dem Landesbeauftragten für den Datenschutz zu melden, es sei denn, dass die Verletzung voraussichtlich keine Gefahr für die Rechtsgüter natürlicher Personen mit sich gebracht hat. Erfolgt die Meldung an die Landesbeauftragte oder den

Landesbeauftragten für den Datenschutz nicht innerhalb von 72 Stunden, so ist die Verzögerung ihr oder ihm gegenüber zu begründen.

(2) Ein Auftragsverarbeiter hat eine Verletzung des Schutzes personenbezogener Daten unverzüglich der verantwortlichen Stelle entsprechend den Maßgaben der Absätze 3 und 4 zu melden.

(3) Die Meldung nach Absatz 1 hat zumindest folgende Informationen zu enthalten:

1. eine Beschreibung der Art der Verletzung des Schutzes personenbezogener Daten, die, soweit möglich, Angaben zu den betroffenen Kategorien personenbezogener Daten und Erkenntnisse zur ungefähren Anzahl der betroffenen personenbezogenen Datensätze zu enthalten hat,

2. den Namen und die Kontaktdaten der oder des behördlichen Datenschutzbeauftragten oder einer sonstigen Person oder Stelle, die weitere Informationen erteilen kann,

3. eine Beschreibung der eingetretenen und eine Einschätzung der wahrscheinlichen Folgen der Verletzung und

4. eine Beschreibung der von der verantwortlichen Stelle durchgeführten oder vorgeschlagenen Maßnahmen zur Behandlung der Verletzung und der getroffenen Maßnahmen zur Vermeidung ihrer möglichen nachteiligen Auswirkungen.

(4) Wenn die Informationen nach Absatz 3 nicht zusammen mit der Meldung übermittelt werden können, hat die verantwortliche Stelle sie unverzüglich nachzureichen, sobald sie ihr vorliegen.

(5) Die verantwortliche Stelle hat Verletzungen des Schutzes personenbezogener Daten zu dokumentieren. Die Dokumentation hat alle mit den Vorfällen zusammenhängenden Tatsachen, deren Auswirkungen und die ergriffenen Abhilfemaßnahmen zu umfassen.

(6) Soweit von einer Verletzung personenbezogene Daten betroffen sind, die von einer verantwortlichen Stelle in einem anderen Mitgliedstaat der Europäischen Union übermittelt wurden, sind die in Absatz 3 genannten Informationen der dortigen verantwortlichen Stelle unverzüglich zu übermitteln.

(7) Weitere Pflichten der verantwortlichen Stelle zu Benachrichtigungen über Verletzungen des Schutzes personenbezogener Daten bleiben unberührt.

(8) § 46c Absatz 6 gilt entsprechend.

§ 48e Bestellung behördlicher Datenschutzbeauftragter

(1) Die verantwortliche Stelle bestellt schriftlich eine behördliche Datenschutzbeauftragte oder einen behördlichen Datenschutzbeauftragten sowie eine Vertretung.

(2) Für mehrere Behörden nach Absatz 1 kann unter Berücksichtigung ihrer Organisationsstruktur und ihrer Größe eine gemeinsame Datenschutzbeauftragte oder ein gemeinsamer Datenschutzbeauftragter bestellt werden.

(3) Die oder der behördliche Datenschutzbeauftragte wird auf der Grundlage ihrer oder seiner beruflichen Qualifikation und insbesondere ihres oder seines Fachwissens, das sie oder er auf dem Gebiet des Datenschutzrechts und der Datenschutzpraxis besitzt, sowie auf der Grundlage ihrer oder seiner Fähigkeit zur Erfüllung der in § 48g genannten Aufgaben bestellt.

(4) Die oder der behördliche Datenschutzbeauftragte kann Beschäftigte oder Beschäftigter der Stelle nach Absatz 1 oder einer der Stellen nach Absatz 2 sein oder ihre oder seine Aufgaben auf der Grundlage eines Dienstleistungsvertrags erfüllen.

(5) Die Kontaktdaten der oder des behördlichen Datenschutzbeauftragten sind von der Stelle nach Absatz 1 oder den Stellen nach Absatz 2 öffentlich bekannt zu geben und der oder dem Landesbeauftragten für den Datenschutz mitzuteilen.

§ 48f Stellung der behördlichen Datenschutzbeauftragten

(1) Die verantwortliche Stelle hat

1. sicherzustellen, dass die oder der behördliche Datenschutzbeauftragte ordnungsgemäß und frühzeitig in alle mit dem Schutz personenbezogener Daten zusammenhängenden Fragen eingebunden wird,

2. die behördliche Datenschutzbeauftragte oder den behördlichen Datenschutzbeauftragten bei der Erfüllung ihrer oder seiner Aufgaben gemäß § 48g zu unterstützen, indem sie die für die Erfüllung dieser Aufgaben erforderlichen Ressourcen und den Zugang zu personenbezogenen Daten und Verarbeitungsvorgängen sowie die zur Erhaltung ihres oder seines Fachwissens erforderlichen Ressourcen zur Verfügung stellt und

3. sicherzustellen, dass die oder der behördliche Datenschutzbeauftragte bei der Erfüllung ihrer oder seiner Aufgaben keine Anweisungen bezüglich der Ausübung dieser Aufgaben erhält.

Die oder der behördliche Datenschutzbeauftragte berichtet unmittelbar der Leitung der Behörde. Er oder sie darf von der Behörde wegen der Erfüllung ihrer oder seiner Aufgaben nicht abberufen oder benachteiligt werden.

(2) Die Abberufung der oder des behördlichen Datenschutzbeauftragten ist nur in entsprechender Anwendung des § 626 des Bürgerlichen Gesetzbuches zulässig. Die Kündigung des Arbeitsverhältnisses ist unzulässig, es sei denn, dass Tatsachen vorliegen, die die Behörde zur Kündigung aus wichtigem Grund ohne Einhaltung einer Kündigungsfrist berechtigen. Nach dem Ende der Tätigkeit als behördliche Datenschutzbeauftragte oder als behördlicher Datenschutzbeauftragter ist die Kündigung des Arbeitsverhältnisses innerhalb eines Jahres unzulässig, es sei denn, dass eine Kündigung aus wichtigem Grund ohne Einhaltung einer Kündigungsfrist berechtigt ist.

(3) Beschäftigte der verantwortlichen Stelle können sich ohne Einhaltung des Dienstweges in allen Angelegenheiten des Datenschutzes an die für sie zuständige behördliche Datenschutzbeauftragte oder den für sie zuständigen behördlichen Datenschutzbeauftragten wenden. Betroffene Personen können die behördliche Datenschutzbeauftragte oder den behördlichen Datenschutzbeauftragten zu allen mit der Verarbeitung ihrer personenbezogenen Daten und mit der Wahrnehmung ihrer Rechte gemäß der Verordnung (EU) 2016/679, diesem Gesetz sowie anderen Rechtsvorschriften über den Datenschutz im Zusammenhang stehenden Fragen zu Rate ziehen. Die oder der behördliche Datenschutzbeauftragte ist auch nach Beendigung ihrer oder seiner Tätigkeit zur Verschwiegenheit über die Identität der betroffenen Person sowie über

Umstände, die Rückschlüsse auf die betroffene Person zulassen, verpflichtet, soweit sie oder er nicht davon durch die betroffene Person befreit wird.

(4) Wenn die oder der behördliche Datenschutzbeauftragte bei ihrer oder seiner Tätigkeit Kenntnis von Daten erhält, für die der Leitung oder einer bei der in Absatz 1 genannten Behörden beschäftigten Person aus beruflichen Gründen ein Zeugnisverweigerungsrecht zusteht, steht dieses Recht auch der oder dem behördlichen Datenschutzbeauftragten und den ihr oder ihm unterstellten Beschäftigten zu. Über die Ausübung dieses Rechts entscheidet die Person, der das Zeugnisverweigerungsrecht aus beruflichen Gründen zusteht, es sei denn, dass diese Entscheidung in absehbarer Zeit nicht herbeigeführt werden kann. Soweit das Zeugnisverweigerungsrecht der oder des behördlichen Datenschutzbeauftragten reicht, unterliegen ihre oder seine Akten und andere Dokumente einem Beschlagnahmeverbot.

§ 48g Aufgaben der behördlichen Datenschutzbeauftragten

(1) Der oder dem behördlichen Datenschutzbeauftragten obliegen neben den in der Verordnung (EU) 2016/679 genannten Aufgaben zumindest folgende Aufgaben:

1. Unterrichtung und Beratung der Behörde und der Beschäftigten, die Verarbeitungen durchführen, hinsichtlich ihrer Pflichten nach diesem Gesetz und sonstigen Vorschriften über den Datenschutz, einschließlich der zur Umsetzung der Richtlinie (EU) 2016/680 erlassenen Rechtsvorschriften;

2. Überwachung der Einhaltung der Vorschriften dieses Gesetzes und sonstiger Vorschriften über den Datenschutz, einschließlich der zur Umsetzung der Richtlinie (EU) 2016/680 erlassenen Rechtsvorschriften, sowie der Strategien der Behörde für den Schutz personenbezogener Daten, einschließlich der Zuweisung von Zuständigkeiten, der Sensibilisierung und der Schulung der an den Verarbeitungsvorgängen beteiligten Beschäftigten und der diesbezüglichen Überprüfungen;

3. Entscheidung nach § 26a Absatz 5 sowie Beratung im Zusammenhang mit der Datenschutz-Folgenabschätzung nach § 45b und Überwachung ihrer Durchführung;

4. Zusammenarbeit mit der oder dem Landesbeauftragten für den Datenschutz;
5. Tätigkeit als Anlaufstelle für die Landesbeauftragte oder den Landesbeauftragten für den Datenschutz in mit der Verarbeitung personenbezogener Daten zusammenhängenden Fragen, einschließlich der vorherigen Konsultation nach § 48c, und gegebenenfalls Beratung zu allen sonstigen Fragen.

(2) Die oder der behördliche Datenschutzbeauftragte hat ein Recht auf Einsichtnahme in das Verzeichnis aller Verarbeitungstätigkeiten. Vor erstmaliger Inbetriebnahme einer Verarbeitungstätigkeit ist der oder dem behördlichen Datenschutzbeauftragten das Verzeichnis mit der Gelegenheit zur Stellungnahme zu dem entsprechenden Eintrag vorzulegen.

(3) Die oder der behördliche Datenschutzbeauftragte kann andere Aufgaben und Pflichten wahrnehmen. Die Behörde hat dafür Sorge zu tragen, dass derartige Aufgaben und Pflichten nicht zu einem Interessenkonflikt führen und der oder dem behördlichen Datenschutzbeauftragten für ihre oder seine Aufgaben nach Absatz 1 hinreichend Arbeitszeit verbleibt.

(4) Die oder der behördliche Datenschutzbeauftragte trägt bei der Erfüllung ihrer oder seiner Aufgaben dem mit den Verarbeitungsvorgängen verbundenen Risiko gebührend Rechnung, wobei sie oder er die Art, den Umfang, die Umstände und die Zwecke der Verarbeitung berücksichtigt.

§ 48h Parlamentarische Kontrolle, Unterrichtung der Öffentlichkeit

(1) Das Ministerium für Inneres und Europa berichtet einem Gremium des Landtages (SOG-Gremium) über folgende durchgeführte Maßnahmen:

1. Einsatz besonderer Mittel der Datenerhebung nach § 33 Absatz 1,
2. Einsatz technischer Mittel in Wohnungen nach § 33b; soweit die Maßnahme nach § 33b Absatz 9 als Personenschutzmaßnahme erfolgt ist nur, wenn die erhobenen Daten gemäß § 36 weiterverarbeitet wurden,

3. verdeckter Zugriff auf informationstechnische Systeme nach § 33c,
4. Eingriffe in den Telekommunikationsbereich nach den §§ 33d bis 33g,
5. Rasterfahndung nach § 44,
6. elektronische Aufenthaltsüberwachung nach § 67a und
7. Datenübermittlung an Drittstaaten und weitere zwischen- und überstaatliche Stellen nach den §§ 39d bis 39h und nach der Verordnung (EU) 2016/679.

Der Bericht bezieht sich auf ein Kalenderjahr und ist bis zum 31. Dezember des darauffolgenden Jahres abzugeben. Im Bericht ist darzustellen, in welchem Umfang von den Befugnissen aus Anlass welcher Art von Gefahrenlagen Gebrauch gemacht wurde und in welchem Umfang die Benachrichtigung der betroffenen Personen erfolgt ist. Das Justizministerium berichtet unter Beachtung von Satz 2 dem SOG-Gremium entsprechend § 101b Absatz 4 der Strafprozessordnung über die durchgeführten Maßnahmen nach § 100c der Strafprozessordnung, die von einem Gericht in Mecklenburg-Vorpommern angeordnet worden sind.

(2) Das SOG-Gremium besteht aus fünf Mitgliedern und wird vom Landtag gewählt. Die Zusammensetzung regelt sich nach dem Stärkeverhältnis der Fraktionen. Das Gremium gibt sich eine Geschäftsordnung.

(3) Die Landesregierung unterrichtet auf der Grundlage des Berichts nach Absatz 1 den Landtag über die Anzahl der Maßnahmen nach Absatz 1 Satz 1 und Satz 3 und in welchem Umfang eine Benachrichtigung erfolgt ist.

(4) Das Ministerium für Inneres und Europa und das Justizministerium veröffentlichen nach Unterrichtung des Landtages zur Information der Öffentlichkeit die erfolgte Unterrichtung an den Landtag auf ihrer Internetseite.

(5) Das Ministerium für Inneres und Europa regelt das nähere Verfahren zur Erfüllung der Berichtspflichten nach Absatz 1 Satz 1 durch Verwaltungsvorschrift.

Unterabschnitt 7
Straftaten von erheblicher Bedeutung (§ 49)

§ 49 Straftaten von erheblicher Bedeutung

Straftaten von erheblicher Bedeutung im Sinne dieses Gesetzes sind

1. Verbrechen,
2. Vergehen nach den §§ 86, 86a, 89a, 89b, 89c Absatz 1 bis 4, 91, 95, 129, 129a, 129b, 130, 184b Absatz 1 und 2, 184c Absatz 2, 303b Absatz 4, 310 Absatz 1 Nummer 2 des Strafgesetzbuches und
3. banden-, gewerbs-, serienmäßig oder sonst organisiert begangene Vergehen nach
   a) den §§ 125a, 180a, 181a, 224, 243, 244, 260, 261, 263 bis 264a, 265b, 266, 267, 283, 283a und 324 bis 330 des Strafgesetzbuches,
   b) § 52 Absatz 1 Nummer 2 Buchstabe c und d des Waffengesetzes,
   c) § 29 Absatz 3 Satz 2 Nummer 1 des Betäubungsmittelgesetzes,
   d) den §§ 95 Absatz 2 und 96 Absatz 2 des Aufenthaltsgesetzes.

Abschnitt 4
Besondere Maßnahmen (§§ 49a - 67d)

§ 49a Grundsatz

Soweit personenbezogene Daten nach Abschnitt 4 verarbeitet werden und nichts Abweichendes geregelt ist, sind die Vorschriften des Abschnittes 3 anzuwenden.

Unterabschnitt 1
Besondere Maßnahmen der Polizei und der Ordnungsbehörden (§§ 50 - 67)

§ 50 Vorladung

(1) Eine Person kann schriftlich oder mündlich vorgeladen werden, wenn

1. Tatsachen die Annahme rechtfertigen, dass die Person sachdienliche Angaben machen kann, die für die Erfüllung einer bestimmten Aufgabe der Ordnungsbehörden oder der Polizei erforderlich sind, oder
2. dies zur Durchführung einer gesetzlich zugelassenen erkennungsdienstlichen Maßnahme erforderlich ist.

(2) Bei der Vorladung soll deren Grund angegeben werden. Bei der Festsetzung des Zeitpunktes soll auf den Beruf und die sonstigen Lebensverhältnisse der oder des Vorgeladenen Rücksicht genommen werden.

(3) Wird der Vorladung ohne hinreichenden Grund keine Folge geleistet, so kann sie zwangsweise durchgesetzt werden,

1. wenn die Angaben zur Abwehr einer im einzelnen Falle bevorstehenden Gefahr für Leib, Leben oder Freiheit einer Person erforderlich sind oder
2. wenn erkennungsdienstliche Maßnahmen durchgeführt werden sollen.

(4) § 136a der Strafprozessordnung gilt mit Ausnahme seines Absatzes 1 Satz 2 entsprechend.

(5) Maßnahmen nach Absatz 3 im Wege des unmittelbaren Zwanges dürfen nur Polizeivollzugsbeamtinnen und Polizeivollzugsbeamte vornehmen.

(6) Für die Entschädigung von Personen, die auf Vorladung als Zeuginnen und Zeugen erscheinen oder die als Sachverständige oder Dolmetscherinnen und Dolmetscher herangezogen werden, gilt das Justizvergütungs- und -entschädigungsgesetz entsprechend.

§ 51 Verfahren bei der Vorführung

(1) Kommt eine Person der gesetzlichen Verpflichtung, vor einer Behörde zu erscheinen, auf Vorladung nicht nach, so kann sie vorgeführt werden, wenn hierauf in der Vorladung hingewiesen worden ist. Unter der gleichen Voraussetzung kann eine Person vorgeführt werden, wenn sie aufgrund gesetzlicher Vorschrift einer Behörde vorzustellen ist, die Vorstellung aber unterblieben ist.

(2) Die vorgeführte Person darf nicht länger als bis zum Ende der Amtshandlung, zu der sie vorgeladen war, festgehalten werden. Spätestens am Ende des Tages nach der Vorführung ist sie zu entlassen.

(3) § 56 gilt entsprechend.

§ 52 Platzverweisung und Wegweisung

(1) Zur Abwehr einer im einzelnen Falle bevorstehenden Gefahr ist es zulässig, eine Person vorübergehend von einem Ort zu verweisen oder ihr vorübergehend das Betreten eines Ortes zu verbieten. Die Platzverweisung kann auch gegen Personen angeordnet werden, die den Einsatz der Feuerwehr oder von Hilfs- oder Rettungsdiensten behindern.

(2) Die Polizei kann eine Person ihrer Wohnung und des unmittelbar angrenzenden Bereichs verweisen, wenn dies erforderlich ist, um eine gegenwärtige Gefahr für Leib, Leben oder Freiheit von Bewohnerinnen oder Bewohnern derselben Wohnung (gefährdete Personen) abzuwenden. Unter den gleichen Voraussetzungen kann die Einsatzleitung ein Betretungsverbot anordnen. Sie informiert unverzüglich die Leitung der zuständigen Polizeibehörde über die Anordnung; § 52a Absatz 3 gilt entsprechend und Widerspruch und Anfechtungsklage gegen die Anordnung haben keine aufschiebende Wirkung. Die Maßnahme darf die Dauer von 14 Tagen nicht überschreiten. Ergänzend können Maßnahmen zur Durchsetzung der Wegweisung oder des Betretungsverbotes verfügt werden. Im Falle eines Antrags auf zivilrechtlichen Schutz nach dem Gewaltschutzgesetz mit dem Ziel des Erlasses einer einstweiligen Anordnung endet die nach Satz 1 oder 2 verfügte polizeiliche Maßnahme bereits mit dem Tag der Wirksamkeit der gerichtlichen Entscheidung. Das Gericht informiert unverzüglich die örtlich zuständige Polizeidienststelle über seine Entscheidung.

(3) Im Falle einer Wegweisung oder eines angeordneten

Betretungsverbots nach Absatz 2 darf die Polizei die für eine Kontaktaufnahme erforderlichen personenbezogenen Daten der gefährdeten Personen an die zuständige vom Ministerium für Soziales, Integration und Gleichstellung anerkannte Interventionsstelle übermitteln. Dies gilt nicht, wenn ausschließlich gefährdete Personen betroffen sind, die das 18. Lebensjahr noch nicht vollendet haben. Die Interventionsstelle darf die übermittelten personenbezogenen Daten ausschließlich dazu verwenden, den gefährdeten Personen unverzüglich Beratung zum Schutz ihrer Rechtsgüter anzubieten. Lehnt eine gefährdete Person die Beratung ab, hat die Interventionsstelle die übermittelten Daten unverzüglich zu löschen. Im Übrigen sind die übermittelten Daten nach Abschluss der Beratungstätigkeit zu löschen. Die Sätze 2 bis 5 gelten auch für eine nach § 39b Absatz 4 zulässige Datenübermittlung.

§ 52a Aufenthalts- und Betretungsverbot

Tatbestand

(1) Rechtfertigen Tatsachen die Annahme, dass eine Person in einem bestimmten örtlichen Bereich eine Straftat, die keine terroristische Straftat nach § 67c ist, begehen wird, können Ordnungsbehörden und Polizei ihr untersagen, diesen Bereich zu betreten oder sich dort aufzuhalten. Örtlicher Bereich im Sinne des Satzes 1 ist ein Ort oder ein Gebiet innerhalb einer Gemeinde oder auch ein gesamtes Gemeindegebiet.

(2) Maßnahmen nach Absatz 1 dürfen nur durch die Leitung der zuständigen Ordnungs- oder Polizeibehörde oder bei polizeilicher Anordnung auch durch die von ihr besonders beauftragte Beamtin oder den von ihr besonders beauftragten Beamten angeordnet werden. Widerspruch und Anfechtungsklage gegen die Anordnung haben keine aufschiebende Wirkung.

(3) Die Anordnung ergeht schriftlich. In ihr sind anzugeben:

1. die Person, gegen die sich die Maßnahme richtet, mit Namen und Anschrift,
2. Art, Umfang und Dauer der Maßnahme, einschließlich einer Bezeichnung der örtlichen Bereiche, die die Person nicht betreten oder in denen sich die Person nicht aufhalten darf, sowie
3. die Gründe.

(4) Das Verbot ist zeitlich und örtlich auf den zur Verhütung der Straftat

erforderlichen Umfang zu beschränken und darf räumlich nicht den Zugang zur Wohnung der betroffenen Person umfassen. Die Vorschriften des Versammlungsrechts bleiben unberührt.

(5) Das Verbot ist auf höchstens drei Monate zu befristen. Eine Verlängerung um jeweils nicht mehr als drei Monate ist möglich, soweit die Voraussetzungen fortbestehen. Eine Verlängerung bedarf der gerichtlichen Anordnung nach Maßgabe des Absatzes 3 auf Antrag der Leitung der zuständigen Ordnungs- oder Polizeibehörde; der Antrag muss die Angaben nach Absatz 3 Satz 2 Nummer 1 und 2 sowie den Sachverhalt und eine Begründung enthalten.

(6) Die jeweils örtlich zuständigen Ordnungs- und Polizeibehörden unterrichten sich gegenseitig unverzüglich über ein nach dieser Vorschrift angeordnetes Aufenthalts- und Betretungsverbot.

§ 52b Meldeauflage

(1) Rechtfertigen Tatsachen die Annahme, dass eine Person eine Straftat begehen wird, kann sie durch die Polizei verpflichtet werden, an bestimmten Tagen zu bestimmten Zeiten in einer bestimmten Polizeidienststelle zu erscheinen (Meldeauflage). Gleiches gilt, wenn die Voraussetzungen des § 67a Absatz 1 vorliegen. Soweit der Zweck der Meldeauflage oder anderer im Zusammenhang mit der Anordnung stehenden Maßnahmen nicht gefährdet wird, kann mit Zustimmung der betroffenen Person auch eine inländische Polizeidienststelle außerhalb ihres Wohnsitzes oder ständigen Aufenthaltsortes bestimmt werden.

(2) Maßnahmen nach Absatz 1 Satz 1 dürfen nur durch die Leitung der zuständigen Polizeibehörde oder durch eine von ihr besonders beauftragte Beamtin oder einen von ihr besonders beauftragten Beamten angeordnet werden. Maßnahmen nach Absatz 1 Satz 2 darf nur die Leitung der zuständigen Polizeibehörde anordnen. Widerspruch und Anfechtungsklage gegen die Anordnung haben keine aufschiebende Wirkung.

(3) Die Anordnung ergeht schriftlich. In ihr sind anzugeben:

1. die Person, gegen die sich die Maßnahme richtet, mit Namen und Anschrift,
2. Art, Umfang und Dauer der Maßnahme, einschließlich der Polizeidienststelle, bei der sich die Person zu melden hat, sowie

3. die Gründe.

(4) Die Meldeauflage ist zeitlich und örtlich auf den zur Verhütung der Straftat erforderlichen Umfang zu beschränken und darf unter Berücksichtigung der Art und Schwere der zu verhütenden Straftat keine unzumutbaren Auswirkungen auf die Lebensführung der betroffenen Person haben. Die Vorschriften des Versammlungsrechts bleiben unberührt.

(5) Das Gebot ist auf höchstens drei Monate zu befristen. Eine Verlängerung um jeweils nicht mehr als drei Monate ist möglich, soweit die Voraussetzungen fortbestehen. Eine Verlängerung bedarf der gerichtlichen Anordnung nach Maßgabe des Absatzes 3 auf Antrag der Leitung der zuständigen Polizeibehörde; der Antrag muss die Angaben nach Absatz 3 Satz 2 Nummer 1 und 2 sowie den Sachverhalt und eine Begründung enthalten.

(6) Eine nach Absatz 1 Satz 2 angeordnete Meldeauflage geht der nach Absatz 1 Satz 1 angeordneten Meldeauflage vor, soweit sie sich entgegenstehen. Gleiches gilt in Bezug auf ein nach § 52a angeordnetes Aufenthalts- und Betretungsverbot.

§ 53 Durchsuchung von Personen und Verfahren

(1) Eine Person kann außer in den Fällen des § 29 Absatz 3 Satz 2 nur durchsucht werden, wenn

1. Tatsachen die Annahme rechtfertigen, dass die Person Sachen bei sich führt, die sichergestellt werden können,
2. sie nach diesem Gesetz oder anderen Rechtsvorschriften angehalten oder festgehalten werden kann und die Durchsuchung
   a) zum Schutz der Person oder
   b) zur Eigensicherung des Amtsträgers

   erforderlich ist oder
3. eine Identitätsfeststellung aufgrund des § 29 Absatz 1 Satz 2 Nummer 1, 2 oder 3 zulässig ist.

(2) Die Person kann zum Zwecke der Durchsuchung zur Dienststelle verbracht werden, wenn es sonst nicht möglich ist, die Durchsuchung ordnungsgemäß durchzuführen.

(3) Maßnahmen nach Absatz 1 und 2 dürfen nur Polizeivollzugsbeamtinnen und Polizeivollzugsbeamte anordnen.

(4) Bei der Durchsuchung einer Person können der Körper, die Kleidung, der Inhalt der Kleidung und die sonstigen am Körper getragenen Sachen durchsucht werden.

(5) Personen dürfen nur von Personen gleichen Geschlechts oder von Ärztinnen oder Ärzten durchsucht werden. Bei berechtigtem Interesse soll dem Wunsch der zu durchsuchenden Person, die Durchsuchung einer Person oder einer Ärztin oder einem Arzt bestimmten Geschlechts zu übertragen, entsprochen werden; hierauf ist sie hinzuweisen. Satz 1 und 2 gelten nicht, wenn die sofortige Durchsuchung zum Schutz gegen eine im einzelnen Falle bevorstehende Gefahr für Leib oder Leben erforderlich ist.

§ 54 Untersuchung von Personen und Verfahren

(1) Bei einer lebenden oder verstorbenen Person, von der sich ergibt oder anzunehmen ist, dass sie krank, krankheitsverdächtig, ansteckungsverdächtig ist oder war, können körperliche Untersuchungen, Entnahmen von Blutproben und andere körperliche Eingriffe zur Feststellung des Infektionsstatus angeordnet werden, wenn Tatsachen die Annahme rechtfertigen, dass es zu einer Übertragung von Krankheitserregern, wie insbesondere Hepatitis B, Hepatitis C oder Humanes Immundefizienzvirus (HIV) auf eine andere Person gekommen ist und bei dieser Person dadurch eine Gefahr für das Leben oder eine schwerwiegende Gesundheitsgefährdung besteht und die Kenntnis des Infektionsstatus zur Abwehr der Gefahr erforderlich ist. Körperliche Untersuchungen und Eingriffe dürfen nur von einer Ärztin oder einem Arzt nach den Regeln der ärztlichen Kunst durchgeführt werden; § 53 Absatz 5 Satz 2 und 3 gelten insoweit entsprechend. Vor einer Blutentnahme soll eine ärztliche Konsultation erfolgen. Körperliche Untersuchungen und Eingriffe sind ohne Einwilligung der betroffenen Person zulässig, wenn kein Nachteil für ihre Gesundheit zu befürchten ist.

(2) Die Maßnahme bedarf, außer in Fällen von Gefahr im Verzug, der richterlichen Anordnung auf Antrag der Leitung der zuständigen Polizeibehörde oder einer von ihr besonders beauftragten Beamtin oder eines von ihr besonders beauftragten Beamten. Im Antrag sind anzugeben:

1. die Person, gegen die sich die Maßnahme richtet, soweit möglich mit Namen und Anschrift,
2. Art und Umfang der Maßnahme,
3. der Sachverhalt sowie
4. eine Begründung.

Im Falle einer Anordnung durch die Polizei bei Gefahr im Verzug gilt § 25b entsprechend. Die richterliche Entscheidung ist unverzüglich nachzuholen.

(3) Die Anordnung ergeht schriftlich, in Fällen von Gefahr im Verzug ist sie unverzüglich nachträglich zu dokumentieren. In ihr sind anzugeben:

1. die Person, gegen die sich die Maßnahme richtet, soweit möglich mit Namen und Anschrift,
2. Art und Umfang der Maßnahme sowie
3. die Gründe.

(4) Die bei der Untersuchung erhobenen personenbezogenen Daten dürfen über den Zweck dieses Gesetzes hinaus nur zum Schutz vor oder zur Abwehr von schwerwiegenden Gesundheitsgefährdungen verarbeitet werden.

§ 55 Gewahrsam von Personen

(1) Eine Person kann nur in Gewahrsam genommen werden, wenn dies

1. zu ihrem Schutz gegen eine im einzelnen Falle bevorstehende Gefahr für Leib oder Leben erforderlich ist, insbesondere, weil sie sich erkennbar in einem die freie Willensbestimmung ausschließenden Zustand oder sonst in hilfloser Lage befindet,
2. unerlässlich ist, um die unmittelbar bevorstehende Begehung oder Fortsetzung einer Straftat zu verhindern; die Annahme, dass eine Person eine solche Tat begehen oder zu ihrer Begehung beitragen wird, kann sich insbesondere darauf stützen, dass
    a) sie die Begehung der Tat angekündigt oder dazu aufgefordert hat oder Transparente oder sonstige Gegenstände mit einer

solchen Aufforderung mit sich führt; dies gilt auch für Flugblätter solchen Inhalts, soweit sie in einer Menge mitgeführt werden, die zur Verteilung geeignet ist,

b) bei ihr Waffen, Werkzeuge oder sonstige Gegenstände aufgefunden werden, die ersichtlich zur Tatbegehung bestimmt sind oder erfahrungsgemäß bei derartigen Taten verwendet werden oder ihre Begleitperson solche Gegenstände mit sich führt und sie den Umständen nach hiervon Kenntnis haben musste, oder

c) sie bereits in der Vergangenheit aus vergleichbarem Anlass bei der Begehung von Straftaten als Störer angetroffen worden ist und Tatsachen die Annahme rechtfertigen, dass eine Wiederholung dieser Verhaltensweise zu erwarten ist,

3. unerlässlich ist, um eine gegenwärtige Gefahr für die öffentliche Sicherheit oder Ordnung abzuwehren,

4. unerlässlich ist, um private Rechte zu schützen und eine Festnahme und Vorführung der Person nach den §§ 229 und 230 Absatz 3 des Bürgerlichen Gesetzbuches zulässig ist, oder

5. unerlässlich ist, um eine Maßnahme nach den §§ 52, 52a, 52b, 67a oder 67b durchzusetzen.

(2) Minderjährige, die sich der Obhut der Sorgeberechtigten entzogen haben, können in Gewahrsam genommen werden, um sie den Sorgeberechtigten oder dem Jugendamt zuzuführen. Satz 1 gilt sinngemäß für unter Betreuung stehende Personen.

(3) Eine Person, die aus dem Vollzug von Untersuchungshaft, Freiheitsstrafen, Jugendstrafen oder freiheitsentziehenden Maßregeln der Besserung und Sicherung entwichen ist oder sich sonst ohne Erlaubnis außerhalb der Justizvollzugsanstalt, Jugendanstalt, Jugendarrestanstalt oder einer Anstalt nach den §§ 63, 64 oder 66 des Strafgesetzbuches aufhält, kann in Gewahrsam genommen und in die Anstalt zurückgebracht werden.

(4) Maßnahmen nach den Absätzen 1 bis 3 dürfen nur Polizeivollzugsbeamtinnen und Polizeivollzugsbeamte vornehmen.

(5) Der Gewahrsam ist unverzüglich aufzuheben, sobald der Grund

weggefallen oder der Zweck erreicht ist. Der Gewahrsam ist spätestens am Ende des Tages nach der Übernahme in den Gewahrsam aufzuheben, sofern nicht vorher die Fortdauer der Freiheitsentziehung gerichtlich angeordnet worden ist.

§ 56 Verfahren bei amtlichem Gewahrsam

(1) Wird eine Person in Gewahrsam, Verwahrung oder Haft genommen oder untergebracht (amtlicher Gewahrsam), so sind ihr unverzüglich der Grund der Maßnahme und die zulässigen Rechtsbehelfe bekannt zu geben, es sei denn, die Bekanntgabe wirkt sich für die Person nachteilig aus.

(2) Einer in Gewahrsam genommenen Person ist unverzüglich Gelegenheit zu geben, eine oder einen Angehörigen oder eine Person ihres Vertrauens zu benachrichtigen. Ist die betroffene Person nicht in der Lage, von diesem Recht Gebrauch zu machen, so soll die Behörde selbst die Benachrichtigung einer oder eines Angehörigen übernehmen. Ist die betroffene Person minderjährig, so ist in jedem Falle diejenige Person unverzüglich zu benachrichtigen, der die Sorge für die betroffene Person obliegt; ist für die betroffene Person eine Betreuerin oder ein Betreuer bestellt, so ist diese oder dieser zu benachrichtigen. Satz 1 und 2 gelten nicht, soweit der Zweck des Gewahrsams dadurch gefährdet wird.

(3) Die Person soll nicht in einem Raum mit Strafgefangenen, Untersuchungsgefangenen oder Suchtkranken verwahrt werden. Die Unterbringung soll getrennt nach Geschlechtern erfolgen; findet der Gewahrsam in Gewahrsamsräumen statt, hat sie getrennt zu erfolgen.

(4) Der Person dürfen nur solche Beschränkungen auferlegt werden, die zur Sicherung des Zwecks oder zur Aufrechterhaltung der Ordnung des amtlichen Gewahrsams notwendig sind.

(5) Nimmt die Polizei eine Person in Gewahrsam, so hat sie unter Angabe der betroffenen Person, mit deren Namen und deren Anschrift, der beabsichtigten Gewahrsamsdauer, des Sachverhalts und der Begründung unverzüglich eine richterliche Entscheidung über die Zulässigkeit und Fortdauer des Gewahrsams herbeizuführen. Der Herbeiführung der Entscheidung bedarf es nicht, wenn anzunehmen ist, dass die Entscheidung erst nach Wegfall des Grundes des Gewahrsams ergehen würde. Die richterliche Entscheidung ergeht schriftlich und in ihr sind

anzugeben:

1. die Person, gegen die sich die Maßnahme richtet, soweit möglich mit Namen und Anschrift,

2. Art und höchstzulässige Dauer des Gewahrsams; der Gewahrsam darf im Falle des § 55 Absatz 1 Nummer 2 zehn Tage und in den übrigen Fällen drei Tage nicht überschreiten, soweit gesetzlich nichts anderes bestimmt ist, sowie

3. die Gründe.

Für die Entscheidung ist das Amtsgericht zuständig, in dessen Bezirk der Gewahrsam vollzogen wird. Für das Verfahren gelten die Vorschriften über das Verfahren in Freiheitsentziehungssachen nach dem Gesetz über das Verfahren in Familiensachen und in den Angelegenheiten der freiwilligen Gerichtsbarkeit entsprechend. Die richterliche Entscheidung kann ohne persönliche Anhörung der in Gewahrsam genommenen Person ergehen, wenn diese rauschbedingt nicht in der Lage ist, den Gegenstand der persönlichen Anhörung durch das Gericht ausreichend zu erfassen und in der Anhörung zur Feststellung der entscheidungserheblichen Tatsachen beizutragen. In diesen Fällen wird die richterliche Entscheidung mit Erlass wirksam und bedarf hierzu nicht der Bekanntgabe an die in Gewahrsam genommene Person. Dauert die Freiheitsentziehung länger als bis zum Ende des Tages nach dem Ergreifen, ist in den Fällen des Satzes 6 unverzüglich eine erneute richterliche Entscheidung herbeizuführen. Ist eine Anhörung hierbei nicht möglich, hat sich das Gericht einen persönlichen Eindruck von der in Gewahrsam genommenen Person zu verschaffen. Für die Gerichtskosten gelten, soweit nichts anderes bestimmt ist, die Vorschriften über die Kostenerhebung in den Angelegenheiten der freiwilligen Gerichtsbarkeit entsprechend.

(6) Wird der Gewahrsam nach § 55 Absatz 1 im Wege der Amtshilfe in der nach dem Vollstreckungsplan für das Land Mecklenburg-Vorpommern zuständigen Justizvollzugsanstalt vollzogen, gelten die §§ 171, 173 bis 175 und 178 Absatz 3 des Strafvollzugsgesetzes entsprechend.

§ 57 Durchsuchung von Sachen

(1) Sachen können außer in den Fällen des § 29 Absatz 3 Satz 2, § 33c Absatz 5, § 33d Absatz 3 Satz 3 und des § 35 Absatz 2 Satz 2 Nummer 2 nur durchsucht werden, wenn

1. eine Person sie mitführt, die nach § 53 durchsucht werden darf,
2. Tatsachen die Annahme rechtfertigen, dass sich darin eine andere Sache befindet, die sichergestellt werden kann,
3. Tatsachen die Annahme rechtfertigen, dass sich darin eine Person befindet, die
   a) in Gewahrsam genommen werden darf,
   b) widerrechtlich festgehalten wird oder
   c) hilflos ist,
4. sie sich an einem der in § 29 Absatz 1 Satz 2 Nummer 1 genannten Orte befinden,
5. sie sich in einem Objekt im Sinne des § 29 Absatz 1 Satz 2 Nummer 2 oder 3 oder in dessen unmittelbarer Nähe befinden und Tatsachen die Annahme rechtfertigen, dass Straftaten in oder an diesem Objekt begangen werden sollen, oder
6. es sich um ein Land-, Wasser- oder Luftfahrzeug handelt, in dem sich eine Person befindet, deren Identität nach § 29 festgestellt werden darf; die Durchsuchung kann sich auch auf die in dem Fahrzeug enthaltenen Sachen erstrecken.

(2) Betrifft die Durchsuchung ein elektronisches Speichermedium, können auch vom Durchsuchungsobjekt räumlich getrennte Speichermedien durchsucht werden, soweit von diesem aus auf sie zugegriffen werden kann und wenn die Erfüllung der Aufgabe nach diesem Gesetz auf andere Weise aussichtslos oder wesentlich erschwert wäre. Die Maßnahme darf auch durchgeführt werden, wenn Dritte (§ 3 Absatz 4 Nummer 2) unvermeidbar betroffen sind. Personenbezogene Daten dürfen darüberhinausgehend nur dann weiterverarbeitet werden, wenn dies gesetzlich zugelassen ist.

§ 58 Verfahren bei der Durchsuchung von Sachen

(1) Bei der Durchsuchung von Sachen vor Ort hat die Gewahrsamsinhaberin oder der Gewahrsamsinhaber das Recht, anwesend zu sein. Ist sie oder er abwesend und eine Vertreterin oder ein Vertreter oder eine Zeugin oder ein Zeuge anwesend, so sollen diese hinzugezogen werden.

(2) Der Gewahrsamsinhaberin oder dem Gewahrsamsinhaber ist eine Bescheinigung über die Durchsuchung und ihren Grund zu erteilen; dies im Falle ihrer oder seiner Anwesenheit jedoch nur auf Verlangen.

§ 59 Betreten und Durchsuchung von Räumen

(1) Das Betreten von Wohn- und Geschäftsräumen oder eines befriedeten Besitztums ist gegen den Willen der Inhaberin oder des Inhabers nur zulässig, wenn dies zur Verhütung einer erheblichen Gefahr für die öffentliche Sicherheit oder Ordnung erforderlich ist.

(2) Arbeits-, Betriebs- und Geschäftsräume sowie andere Räume und Grundstücke, die der Öffentlichkeit zugänglich sind, dürfen zum Zwecke der Gefahrenabwehr während der Arbeits-, Geschäfts- oder Aufenthaltszeit betreten werden.

(3) Polizeivollzugsbeamtinnen und Polizeivollzugsbeamte dürfen Wohn- und Geschäftsräume oder ein befriedetes Besitztum nur durchsuchen, wenn

1. Tatsachen die Annahme rechtfertigen, dass sich darin eine Person befindet, die nach § 51 vorgeführt oder nach einer Rechtsvorschrift in Gewahrsam genommen werden darf,
2. Tatsachen die Annahme rechtfertigen, dass sich darin Sachen befinden, die nach § 61 Absatz 1 Satz 1 Nummer 1 sichergestellt werden dürfen, oder
3. dies zur Abwehr einer gegenwärtigen erheblichen Gefahr erforderlich ist.

(4) Während der Nachtzeit, welche die Stunden von 21 bis 6 Uhr umfasst, sind das Betreten und die Durchsuchung durch Polizeivollzugsbeamtinnen und Polizeivollzugsbeamte nur zur Abwehr einer gegenwärtigen erheblichen Gefahr zulässig. Dies gilt nicht für das Betreten von Räumen,

1. die zur Nachtzeit jeder Person zugänglich sind,
2. wenn Tatsachen die Annahme rechtfertigen, dass
   a) dort Personen Straftaten verabreden, vorbereiten oder verüben,

b) sich dort Personen treffen, die gegen aufenthaltsrechtliche Vorschriften verstoßen,

c) sich dort gesuchte Straftäter verbergen oder

d) dort Personen dem unerlaubten Glücksspiel nachgehen, oder

3. die der Prostitution dienen.

(5) Durchsuchungen von Wohn- und Geschäftsräumen bedürfen, außer in den Fällen von Gefahr im Verzug, der richterlichen Anordnung auf Antrag der Leitung der zuständigen Polizeibehörde oder der von ihr besonders beauftragten Beamtin oder des von ihr besonders beauftragten Beamten. Im Antrag sind anzugeben:

1. die Person, gegen die sich die Maßnahme richtet, soweit möglich mit Namen und Anschrift,
2. die zu durchsuchenden Räume und deren Anschrift,
3. der Sachverhalt sowie
4. eine Begründung.

Im Falle einer Anordnung durch die Polizei bei Gefahr im Verzug gilt § 25b entsprechend. Die richterliche Entscheidung ist unverzüglich nachzuholen.

(6) Die Anordnung ergeht schriftlich; in Fällen von Gefahr im Verzug ist sie unverzüglich nachträglich zu dokumentieren. In ihr sind anzugeben:

1. die Person, gegen die sich die Maßnahme richtet, soweit möglich mit Namen und Anschrift,
2. die zu durchsuchenden Räume und deren Anschrift sowie
3. die Gründe.

Für die Anordnung ist das Amtsgericht, in dessen Bezirk die zu durchsuchenden Räume liegen, zuständig.

§ 60 Verfahren bei der Durchsuchung von Räumen

(1) Bei der Durchsuchung der Wohnung, der Geschäftsräume oder des befriedeten Besitztums hat die Inhaberin oder der Inhaber das Recht,

anwesend zu sein. Ist sie oder er nicht anwesend, so soll eine Vertreterin oder ein Vertreter oder eine Zeugin oder ein Zeuge hinzugezogen werden.

(2) Der Inhaberin oder dem Inhaber oder ihrem oder seinem Vertreter ist vor Beginn der Durchsuchung der Grund der Maßnahme bekannt zu geben. Auf die zulässigen Rechtsbehelfe ist hinzuweisen.

(3) Über die Durchsuchung ist eine Niederschrift zu fertigen, in der die für die Durchführung verantwortliche Behörde, Anlass, Zeit und Ort der Durchsuchung und die anwesenden Personen namentlich aufzuführen sind. Die Niederschrift ist von den durchsuchenden Vollzugsbeamtinnen oder Vollzugsbeamten und der Inhaberin oder dem Inhaber des durchsuchten Raumes, ihrer oder seiner Vertreterin oder ihrem oder seinem Vertreter oder den hinzugezogenen Zeuginnen oder Zeugen zu unterschreiben. Wird die Unterschrift verweigert, so ist hierüber ein Vermerk aufzunehmen. Der Inhaberin oder dem Inhaber und ihrer oder seiner Vertreterin oder ihrem oder seinem Vertreter ist auf Verlangen eine Abschrift der Niederschrift auszuhändigen.

(4) Ist die Anfertigung der Niederschrift oder die Aushändigung ihrer Abschrift unter den vorherrschenden Umständen nicht möglich oder würde sie den Zweck der Durchsuchung gefährden, so sind der Inhaberin oder dem Inhaber oder ihrer oder seiner Vertreterin oder ihrem oder seinem Vertreter lediglich die Vornahme der Durchsuchung unter Angabe der für die Durchsuchung verantwortlichen Behörde sowie Zeit und Ort der Durchsuchung schriftlich zu bestätigen.

(5) Die nach § 291 der Abgabenordnung für die Vornahme einer Vollstreckungshandlung zur Beitreibung einer Geldforderung erforderliche Niederschrift ersetzt die Niederschrift nach dieser Bestimmung.

§ 61 Sicherstellung von Sachen

(1) Eine Sache kann nur sichergestellt werden,

1. um eine gegenwärtige Gefahr für die öffentliche Sicherheit oder Ordnung abzuwehren,

2. wenn sie von einer Person mitgeführt wird, die nach diesem Gesetz oder anderen Rechtsvorschriften festgehalten wird, und die Sache verwendet werden kann, um

a) sich zu töten oder zu verletzen,

b) Leben oder Gesundheit anderer zu schädigen,

c) fremde Sachen zu beschädigen oder

d) die Flucht zu ermöglichen oder zu erleichtern,

3. um die Eigentümerin oder den Eigentümer oder die rechtmäßige Inhaberin oder den rechtmäßigen Inhaber der tatsächlichen Gewalt vor Verlust oder Beschädigung einer Sache zu schützen oder

4. wenn Tatsachen die Annahme rechtfertigen, dass sie zur Begehung einer Straftat oder Ordnungswidrigkeit verwendet werden soll.

Satz 1 gilt auch für Daten auf einem elektronischen Speichermedium und für Daten, auf von diesem räumlich getrennten Speichermedien, soweit auf sie vom elektronischen Speichermedium aus zugegriffen werden kann. Der weitere Zugriff auf diese Daten kann ausgeschlossen werden, wenn andernfalls die Abwehr der Gefahr, der Schutz vor Verlust oder die Verhinderung der Verwendung aussichtslos oder wesentlich erschwert wäre. Die sicherstellende Behörde hat die richterliche Bestätigung der Rechtmäßigkeit der Maßnahmen nach Satz 2 und 3 unverzüglich zu beantragen; im Übrigen gilt § 25b entsprechend. Daten, die nach den §§ 26a und 26b nicht weiterverarbeitet werden dürfen oder für die Aufgabenerfüllung nicht mehr erforderlich sind, sind zu löschen; dies gilt nicht für Daten, die zusammen mit dem Datenträger sichergestellt wurden, auf dem sie gespeichert sind. Die Regelungen in Absatz 3 sowie in den §§ 62, 63 und 64 Absatz 4 hinsichtlich der Herausgabe, des Verfahrens, der Verwahrung und der Vernichtung gelten unter Berücksichtigung der unkörperlichen Natur von Daten entsprechend.

(2) Die Polizei kann Forderungen oder andere Vermögensrechte bis zu einer Dauer von sechs Monaten sicherstellen, soweit Tatsachen die Annahme rechtfertigen, dass diese zur Begehung einer Straftat von erheblicher Bedeutung nach § 49 oder einer terroristischen Straftat nach § 67c verwendet werden sollen. Die Sicherstellung wird auf Antrag der Leitung der Polizeibehörde durch Pfändung durch das Amtsgericht, in dessen Bezirk die Inhaberin oder der Inhaber der Forderung oder Vermögensrechte ihren oder seinen Wohnsitz oder ständigen Aufenthalt hat,

bewirkt. Die Vorschriften der Zivilprozessordnung über die Zwangsvollstreckung in Forderungen und andere Vermögensrechte sind entsprechend anzuwenden.

(3) Sobald die Voraussetzungen für die Sicherstellung weggefallen sind, sind die Sachen derjenigen oder demjenigen herauszugeben, bei der oder dem sie sichergestellt worden sind; Forderungen oder andere Vermögensrechte sind entsprechend freizugeben. Ist die Herausgabe an sie oder ihn nicht möglich, können sie an eine andere Person herausgegeben werden, die ihre Berechtigung glaubhaft macht. Die Herausgabe ist ausgeschlossen, wenn dadurch erneut die Voraussetzungen für eine Sicherstellung eintreten würden; soweit es sich um sichergestellte Forderungen oder andere Vermögensrechte handelt, kann die Sicherstellung um jeweils weitere sechs Monate verlängert werden. Über die Verlängerung entscheidet auf Antrag der Leitung der Polizeibehörde das Amtsgericht, in dessen Bezirk die Inhaberin oder der Inhaber der Forderung oder Vermögensrechte ihren oder seinen Wohnsitz oder ständigen Aufenthalt hat. Der Antrag muss neben den Angaben aus der nach Absatz 2 erfolgten Sicherstellung insbesondere die Gründe für die Verlängerung enthalten.

(4) Die Herausgabe der Sachen kann von der Zahlung der Kosten, die durch die Sicherstellung entstanden sind, abhängig gemacht werden.

§ 62 Verfahren bei der Sicherstellung von Sachen

(1) Hat eine Person eine bewegliche Sache herauszugeben oder vorzulegen, so kann die Vollzugsbeamtin oder der Vollzugsbeamte (§ 103) sie ihr wegnehmen.

(2) Der herausgabepflichtigen Person ist eine Bescheinigung zu erteilen, die die weggenommene Sache bezeichnet, den Grund der Maßnahme erkennen lässt und eine Belehrung über die zulässigen Rechtsbehelfe enthalten soll.

(3) Wird die Sache nicht vorgefunden, so hat die herausgabepflichtige Person auf Verlangen der Vollzugsbehörde vor dem Amtsgericht an Eides Statt zu versichern, dass sie nicht wisse, wo die Sache sich befinde.

(4) Dem Antrag an das Amtsgericht, der herausgabepflichtigen Person die eidesstattliche Versicherung abzunehmen, sind beglaubigte Abschriften des Verwaltungsaktes sowie eine etwaige Niederschrift über den erfolglosen Wegnahmeversuch beizufügen. Für das Verfahren vor

dem Amtsgericht gelten die §§ 478 bis 480, 483, 802e, 802f Absatz 4, 802g bis 802i, 883 Absatz 2 Satz 2 und Absatz 3 der Zivilprozessordnung entsprechend.

(5) Sichergestellte Sachen sind amtlich zu verwahren. Falls die Beschaffenheit der Sache dies nicht zulässt oder die amtliche Verwahrung unzweckmäßig ist, kann der Zweck der Sicherstellung auf andere Weise gewährleistet werden.

§ 63 Amtliche Verwahrung

(1) Wird eine Sache amtlich oder durch einen Anderen in amtlichem Auftrag verwahrt, so ist das Erforderliche zu veranlassen, um einem Verderb oder einer wesentlichen Minderung ihres Wertes vorzubeugen. Dies gilt nicht, wenn der Andere auf Verlangen der früheren Gewahrsamsinhaberinnen oder Gewahrsamsinhaber mit der Verwahrung beauftragt worden sind. Abweichende Rechtsvorschriften bleiben unberührt.

(2) Die verwahrten Sachen sind zu verzeichnen und so zu kennzeichnen, dass Verwechselungen vermieden werden.

§ 64 Verwertung, Vernichtung

(1) Die Verwertung verwahrter Sachen ist zulässig, wenn

1. ihr Verderb oder eine wesentliche Minderung ihres Wertes droht oder ihre Aufbewahrung oder Unterhaltung mit unverhältnismäßig hohen Kosten, erheblichen Schwierigkeiten oder Gefahren für die öffentliche Sicherheit oder Ordnung verbunden ist,
2. die empfangsberechtigte Person die Sache innerhalb einer Frist von sechs Wochen nach schriftlich ergangener Aufforderung nicht in Empfang nimmt oder
3. die Sache nach einer Frist von sechs Monaten nicht an die empfangsberechtigte Person herausgegeben werden kann, ohne dass die Gründe, die zu ihrer Sicherstellung berechtigten, fortbestehen oder Sicherstellungsgründe erneut entstehen würden.

(2) Die Verwertung soll nach den §§ 296, 298, 302 bis 305 und 308 der Abgabenordnung durchgeführt werden. Die Eigentümerin oder der Eigentümer und andere Personen, denen Rechte an der Sache zustehen, sollen vor der Androhung der Verwertung gehört werden; ihnen sollen

Ort und Zeit der Verwertung mitgeteilt werden. Bei der Verwertung von Datenträgern ist sicherzustellen, dass zuvor personenbezogene Daten dem Stand der Technik entsprechend gelöscht wurden.

(3) Der Erlös tritt an die Stelle der Sache und ist an die berechtigte Person herauszugeben. Ist eine berechtigte Person nicht vorhanden oder nicht zu ermitteln, so ist der Erlös nach den Vorschriften des Bürgerlichen Gesetzbuchs zu hinterlegen. Der Anspruch auf Herausgabe des Erlöses erlischt drei Jahre nach Ablauf des Jahres, in dem die Sache verwertet worden ist. Ist eine Sache verwertet worden, können die Kosten aus dem Erlös gedeckt werden.

(4) Verwahrte Sachen können unbrauchbar gemacht, vernichtet oder eingezogen werden, wenn

1. im Falle einer Verwertung die Gründe, die zu ihrer Sicherstellung berechtigten, fortbestehen oder Sicherstellungsgründe erneut entstehen würden oder
2. eine Verwertung aus anderen Gründen nicht möglich ist oder der zu erwartende Erlös aus einer Verwertung die entstehenden Kosten nicht deckt.

Absatz 2 Satz 2 gilt entsprechend.

§ 65 Verfahren bei der Wegnahme einer Person

(1) Hat jemand eine Person herauszugeben, so kann die Vollzugsbeamtin oder der Vollzugsbeamte (§ 103) sie jeder Person wegnehmen, bei der sie angetroffen wird.

(2) Der herausgabepflichtigen Person ist eine Bescheinigung zu erteilen, die die weggenommene Person bezeichnet, den Grund der Maßnahme erkennen lässt und eine Belehrung über die zulässigen Rechtsbehelfe enthalten soll.

(3) Wird die Person nicht vorgefunden, so hat die herausgabepflichtige Person auf Verlangen der Vollzugsbehörde vor dem Amtsgericht an Eides Statt zu versichern, dass sie nicht wisse, wo die Person sich befinde.

(4) § 62 Absatz 4 gilt entsprechend.

§ 66 Verfahren bei der Zwangsräumung

(1) Hat eine Person eine unbewegliche Sache, einen Raum oder ein Schiff zu räumen oder herauszugeben, so können sie und die ihrem Haushalt oder Geschäftsbetrieb angehörenden Personen aus dem Besitz gesetzt werden. Der Zeitpunkt der Zwangsräumung soll der betroffenen Person in angemessener Zeit vorher angekündigt werden.

(2) Werden bei einer Zwangsräumung bewegliche Sachen vorgefunden, die nicht herauszugeben oder vorzulegen sind, so werden sie der betroffenen Person oder, wenn diese abwesend ist, der Vertreterin oder dem Vertreter oder einer dem Haushalt oder Geschäftsbetrieb der betroffenen Person angehörenden erwachsenen Person übergeben.

(3) Ist keine empfangsberechtigte Person nach Absatz 2 anwesend, so sind die beweglichen Sachen in amtliche Verwahrung zu nehmen. Dies gilt auch, wenn sich die empfangsberechtigte Person weigert, die Sachen anzunehmen.

§ 67 Übertragung des Eigentums

(1) Ist eine Person zur Übertragung des Eigentums an einer Sache verpflichtet, so ist für die nach bürgerlichem Recht erforderlichen Willenserklärungen und für die Eintragung in öffentliche Bücher und Register § 93 anzuwenden.

(2) Die Übergabe der Sache wird dadurch bewirkt, dass die Vollzugsbeamtin oder der Vollzugsbeamte die Sache in Besitz nimmt. § 62 Absatz 3 und 4 gilt entsprechend. Befindet sich die Sache im Gewahrsam Anderer, so ist der Behörde, die den Verwaltungsakt erlassen hat, der Anspruch der betroffenen Person auf Herausgabe der Sache zu überweisen. Die §§ 309 bis 313 und 315 bis 317 der Abgabenordnung sind entsprechend anzuwenden.

Unterabschnitt 2
Besondere Maßnahmen der Polizei im Zusammenhang mit drohenden terroristischen Straftaten (§§ 67a - 67d)

§ 67a Elektronische Aufenthaltsüberwachung

(1) Die Polizei kann eine Person dazu verpflichten, ein technisches Mittel, mit dem der Aufenthaltsort dieser Person elektronisch überwacht

werden kann, ständig in betriebsbereitem Zustand am Körper bei sich zu führen und dessen Funktionsfähigkeit nicht zu beeinträchtigen, wenn

1. Tatsachen die Annahme rechtfertigen, dass diese Person innerhalb eines überschaubaren Zeitraums auf eine zumindest ihrer Art nach konkretisierte Weise eine terroristische Straftat nach § 67c begehen oder an dieser teilnehmen wird, oder

2. das individuelle Verhalten dieser Person die konkrete Wahrscheinlichkeit dafür begründet, dass sie innerhalb eines überschaubaren Zeitraums eine terroristische Straftat nach § 67c begehen oder an dieser teilnehmen wird,

um diese Person durch die Überwachung und die Datenverwendung von der Begehung einer solchen Straftat abzuhalten.

(2) Eine Maßnahme nach Absatz 1 soll mit einer Maßnahme nach § 67b verbunden werden.

(3) Die Polizei kann mithilfe der von der verantwortlichen Person mitgeführten technischen Mittel automatisiert Daten über deren Aufenthaltsort sowie über etwaige Beeinträchtigungen der Datenerhebung erheben und speichern. Soweit es technisch möglich ist, ist sicherzustellen, dass innerhalb der Wohnung der betroffenen Person keine über den Umstand ihrer Anwesenheit hinausgehenden Aufenthaltsdaten erhoben werden. Die Daten dürfen ohne Einwilligung der betroffenen Person nur verarbeitet werden, soweit dies erforderlich ist für die folgenden Zwecke:

1. zur Verhütung oder zur Verfolgung einer terroristischen Straftat nach § 67c,

2. zur Feststellung von Verstößen gegen eine Aufenthaltsanordnung nach § 67b,

3. zur Verfolgung einer Straftat nach § 67d,

4. zur Abwehr einer gegenwärtigen erheblichen Gefahr oder

5. zur Aufrechterhaltung der Funktionsfähigkeit der technischen Mittel.

Zur Einhaltung der Zweckbindung nach Satz 3 hat die Verarbeitung der

Daten automatisiert zu erfolgen. Zudem sind die Daten gegen unbefugte Kenntnisnahme und Verarbeitung besonders zu sichern.

(4) Die in Absatz 3 Satz 1 genannten Daten sind spätestens zwei Monate nach ihrer Erhebung zu löschen, soweit sie nicht für die in Absatz 3 Satz 3 genannten Zwecke verwendet werden. Für die Protokollierung gelten die §§ 46e und 46f. Werden innerhalb der Wohnung der betroffenen Person über den Umstand ihrer Anwesenheit hinausgehende Aufenthaltsdaten erhoben, dürfen diese nicht verarbeitet werden und sind unverzüglich nach Kenntnisnahme zu löschen. Die Tatsache ihrer Kenntnisnahme ist zu dokumentieren und die Löschung zu protokollieren; für die Dokumentation gilt § 46d und für die Protokollierung Satz 2.

(5) Eine Maßnahme nach Absatz 1, auch in Verbindung mit Absatz 2, bedarf der richterlichen Anordnung auf Antrag der Leitung der zuständigen Polizeibehörde. Im Antrag sind anzugeben:

1. die Person, gegen die sich die Maßnahme richtet, mit Namen und Anschrift,
2. Art, Umfang und Dauer der Maßnahme, die Angabe, ob gegenüber der Person, gegen die sich die Maßnahme richtet, eine Aufenthaltsanordnung nach § 67b besteht,
3. der Sachverhalt sowie
4. eine Begründung.

Bei Gefahr im Verzug kann die Leitung der zuständigen Polizeibehörde die Maßnahme anordnen; § 25b gilt entsprechend. Eine richterliche Entscheidung ist unverzüglich nachzuholen. Soweit die Anordnung nicht binnen drei Tagen durch das Gericht bestätigt wird, tritt sie außer Kraft.

(6) Die Anordnung ergeht schriftlich. In ihr sind anzugeben:

1. die Person, gegen die sich die Maßnahme richtet, mit Namen und Anschrift,
2. Art, Umfang und Dauer der Maßnahme,
3. im Fall des Absatzes 2 die Angaben aus § 67b Absatz 3 Satz 2 Nummer 2 sowie
4. die Gründe.

(7) Die Anordnung ist auf höchstens drei Monate zu befristen. Eine Verlängerung um jeweils nicht mehr als drei Monate ist möglich, soweit die Anordnungsvoraussetzungen fortbestehen. Liegen die Voraussetzungen der Anordnung nicht mehr vor, ist die Maßnahme unverzüglich zu beenden.

§ 67b Aufenthaltsanordnung

(1) Die Polizei kann zur Abwehr einer Gefahr oder zur Verhütung einer terroristischen Straftat nach § 67c einer Person untersagen, sich ohne Erlaubnis der zuständigen Polizeibehörde von ihrem Wohn- oder Aufenthaltsort oder aus einem bestimmten Bereich zu entfernen (Aufenthaltsgebot) oder sich an bestimmten Orten aufzuhalten (Aufenthaltsverbot), wenn

1. Tatsachen die Annahme rechtfertigen, dass die betroffene Person innerhalb eines überschaubaren Zeitraums auf eine zumindest ihrer Art nach konkretisierte Weise eine terroristische Straftat nach § 67c begehen oder an dieser teilnehmen wird, oder
2. das individuelle Verhalten der betroffenen Person die konkrete Wahrscheinlichkeit begründet, dass sie innerhalb eines überschaubaren Zeitraums eine terroristische Straftat nach § 67c begehen oder an dieser teilnehmen wird.

(2) Maßnahmen nach Absatz 1 dürfen nur von der Leitung der zuständigen Polizeibehörde angeordnet werden. Widerspruch und Anfechtungsklage gegen die Anordnung haben keine aufschiebende Wirkung.

(3) Die Anordnung ergeht schriftlich. In ihr sind anzugeben:

1. die Person, gegen die sich die Maßnahme richtet, mit Namen und Anschrift,
2. Art, Umfang und Dauer der Maßnahme, einschließlich einer Bezeichnung der Orte, von denen sich die Person ohne Erlaubnis der zuständigen Polizeibehörde nicht entfernen oder an denen sich die Person ohne Erlaubnis der zuständigen Polizeibehörde nicht aufhalten darf, sowie
3. die Gründe.

(4) Aufenthaltsgebote und Aufenthaltsverbote sind auf den zur Abwehr

der Gefahr oder zur Verhütung einer terroristischen Straftat nach § 67c erforderlichen Umfang zu beschränken und dürfen räumlich den Zugang zur Wohnung der betroffenen Person nicht umfassen. Sie sind auf höchstens drei Monate zu befristen. Eine Verlängerung um jeweils nicht mehr als drei Monate ist möglich, soweit ihre Voraussetzungen fortbestehen. Eine Verlängerung bedarf der gerichtlichen Anordnung nach Maßgabe des Absatzes 3 auf Antrag der Leitung der zuständigen Polizeibehörde; der Antrag muss die Angaben nach Absatz 3 Satz 2 Nummer 1 und 2 sowie den Sachverhalt und eine Begründung enthalten.

(5) Die Vorschriften des Versammlungsrechts bleiben unberührt. Eine Aufenthaltsanordnung nach Absatz 1 geht einem Aufenthalts- und Betretungsverbot nach § 52a vor, soweit sie sich entgegenstehen. Gleiches gilt in Bezug auf eine nach § 52b Absatz 1 Satz 1 angeordnete Meldeauflage.

§ 67c Terroristische Straftat

Eine terroristische Straftat im Sinne dieses Gesetzes ist eine Straftat

1. nach den §§ 89a bis 89c, 129a und 129b des Strafgesetzbuches,
2. nach den §§ 211, 212, 224, 226 und 227 des Strafgesetzbuches,
3. nach den §§ 239a und 239b des Strafgesetzbuches,
4. nach den §§ 303b, 305, 305a, 306 bis 306c, 307 Absatz 1 bis 3, 308 Absatz 1 bis 4, 309 Absatz 1 bis 5, 310 Absatz 1 oder 2, 313, 314, 315 Absatz 1, 3 oder 4, 315b Absatz 1 oder 3, 316b Absatz 1 oder 3, 316c Absatz 1 bis 3 und 317 Absatz 1 des Strafgesetzbuches,
5. nach den §§ 328 Absatz 1 oder 2, 330 Absatz 1 oder 2 und 330a Absatz 1 bis 3 des Strafgesetzbuches,
6. nach den §§ 19 Absatz 1 bis 3, 20 Absatz 1 oder 2, 20a Absatz 1 bis 3 oder nach § 22a Absatz 1 bis 3 des Gesetzes über die Kontrolle von Kriegswaffen,
7. nach den §§ 19 Absatz 2 Nummer 2 oder Absatz 3 Nummer 2, 20 Absatz 1 oder 2 oder 20a Absatz 1 bis 3 jeweils auch in Verbindung mit § 21 des Gesetzes über die Kontrolle von Kriegswaffen,

8. nach § 51 Absatz 1 bis 3 des Waffengesetzes,

9. nach den §§ 6 bis 12 des Völkerstrafgesetzbuches

bei Begehung im In- und Ausland, wenn diese Straftat dazu bestimmt ist,

1. die Bevölkerung auf erhebliche Weise einzuschüchtern,

2. eine Behörde oder eine internationale Organisation rechtswidrig mit Gewalt oder durch Drohung mit Gewalt zu nötigen oder

3. die politischen, verfassungsrechtlichen, wirtschaftlichen oder sozialen Grundstrukturen eines Staates, eines Landes oder einer internationalen Organisation zu beseitigen oder erheblich zu beeinträchtigen

und durch die Art ihrer Begehung oder ihre Auswirkungen einen Staat, ein Land oder eine internationale Organisation erheblich schädigen können.

§ 67d Strafvorschrift

(1) Mit Freiheitsstrafe bis zu zwei Jahren oder mit Geldstrafe wird bestraft, wer gegen eine gerichtliche Anordnung nach § 67a Absatz 1 verstößt und dadurch den Zweck der Maßnahme gefährdet.

(2) Ebenso wird bestraft, wer gegen eine gerichtliche Anordnung nach § 67b, die mit der Anordnung einer Maßnahme nach § 67a Absatz 1 verbunden wurde, verstößt und dadurch den Zweck der Aufenthaltsanordnung gefährdet.

(3) Absatz 1 und 2 gelten auch in den Fällen einer behördlichen Anordnung bei Gefahr im Verzug nach § 67a Absatz 5 Satz 3; die Strafbarkeit entfällt, wenn die Anordnung nicht innerhalb der Frist des § 67a Absatz 5 Satz 4 durch das zuständige Gericht bestätigt wird.

(4) Die Tat wird nur auf Antrag der zuständigen Polizeibehörde verfolgt.

Abschnitt 5
In Anspruch zu nehmende Personen (§§ 68 - 71)

§ 68 Grundsatz

Maßnahmen zur Gefahrenabwehr dürfen nur gegen die nach den §§ 69 oder 70 verantwortlichen Personen gerichtet werden, es sei denn, dass gesetzlich etwas anderes bestimmt ist.

§ 69 Verantwortlichkeit für das Verhalten von Personen

(1) Wird die öffentliche Sicherheit oder Ordnung durch das Verhalten von Personen gestört oder im einzelnen Fall gefährdet, so ist die Person verantwortlich, die die Störung oder Gefahr verursacht hat.

(2) Verursachen Personen, die das 14. Lebensjahr noch nicht vollendet haben, die Störung oder Gefahr, so ist auch diejenige Person verantwortlich, der die Sorge für die minderjährige Person obliegt. Ist für die Person eine Betreuerin oder ein Betreuer bestellt, so können die Maßnahmen im Rahmen ihres oder seines Aufgabenkreises auch gegen sie oder ihn gerichtet werden.

(3) Verursacht eine Person, die zu einer Verrichtung bestellt ist, die Störung oder Gefahr, so ist auch die Person verantwortlich, die die andere Person zu der Verrichtung bestellt hat.

§ 70 Verantwortlichkeit für Sachen

(1) Wird die öffentliche Sicherheit oder Ordnung durch den Zustand einer Sache gestört oder im einzelnen Fall gefährdet, so ist deren Eigentümerin oder Eigentümer verantwortlich.

(2) Eine Person, die die tatsächliche Gewalt über eine Sache ausübt, ist neben der Eigentümerin oder dem Eigentümer verantwortlich. Sie ist anstelle der Eigentümerin oder des Eigentümers verantwortlich, wenn sie die tatsächliche Gewalt gegen den Willen der Eigentümerin oder des Eigentümers ausübt.

(3) Geht die Störung oder Gefahr von einer herrenlosen Sache aus, so können die Maßnahmen gegen die Person gerichtet werden, die das Eigentum an der Sache aufgegeben hat.

(4) Gesetze, die eine andere Regelung enthalten, bleiben unberührt.

§ 70a Unmittelbare Ausführung einer Maßnahme

Die Ordnungsbehörden und die Polizei können eine Maßnahme selbst oder durch eine Beauftragte oder einen Beauftragten (unmittelbar) ausführen, wenn die oder der nach den §§ 69 oder 70 Verantwortliche nicht oder nicht rechtzeitig erreicht werden kann und die Maßnahme dem tatsächlichen oder mutmaßlichen Willen der oder des Verantwortlichen entspricht. Die von der Maßnahme Betroffenen sind unverzüglich zu unterrichten.

§ 71 Inanspruchnahme des Nichtstörers

(1) Zur Beseitigung einer Störung oder zur Abwehr einer gegenwärtigen Gefahr können Maßnahmen auch gegen andere Personen als die Verantwortlichen (§§ 68 bis 70) getroffen werden, soweit und solange

1. die Verantwortlichen nicht oder nicht rechtzeitig in Anspruch genommen werden können oder Maßnahmen gegen sie keinen Erfolg versprechen und
2. die Störung oder Gefahr nicht durch die Behörde selbst oder durch eine Beauftragte oder einen Beauftragten beseitigt werden kann und
3. die andere Person ohne erhebliche eigene Gefährdung oder Verletzung anderer überwiegender Pflichten in Anspruch genommen werden kann.

(2) Wird eine andere Person in Anspruch genommen, so hat die Behörde die verantwortliche Person unverzüglich zu benachrichtigen.

Abschnitt 6
Entschädigungsansprüche (§§ 72 - 77)

§ 72 Entschädigungsanspruch des Nichtstörers

(1) Wer nach § 71 in Anspruch genommen wird, kann Entschädigung für den ihm hierdurch entstandenen Schaden verlangen.

(2) Ein Entschädigungsanspruch besteht jedoch nicht, soweit

1. die oder der Geschädigte auf andere Weise Ersatz erlangt hat oder

2. die oder der Geschädigte oder ihr oder sein Vermögen durch die Maßnahme geschützt worden ist.

(3) Die Absätze 1 und 2 finden keine Anwendung, soweit die Entschädigungspflicht wegen rechtmäßiger Maßnahmen in anderen gesetzlichen Vorschriften geregelt oder ausgeschlossen ist.

§ 73 Entschädigungsanspruch Unbeteiligter

§ 72 findet entsprechende Anwendung, wenn Unbeteiligte, die weder nach den §§ 68 bis 70 verantwortlich noch nach § 71 in Anspruch genommen worden sind, durch Maßnahmen zur Gefahrenabwehr getötet oder verletzt werden oder einen billigerweise nicht zumutbaren Schaden erleiden.

§ 74 Art, Inhalt und Umfang der Entschädigungsleistung

(1) Die Entschädigung wird nur für Vermögensschäden gewährt. Für entgangenen Gewinn, der über den Ausfall des gewöhnlichen Verdienstes oder Nutzungsentgeltes hinausgeht, und für Vermögensnachteile, die nicht in unmittelbarem Zusammenhang mit der zu entschädigenden Maßnahme stehen, ist jedoch eine Entschädigung nur zu leisten, wenn und soweit diese zur Abwendung unbilliger Härten geboten erscheint.

(2) Die Entschädigung ist in Geld zu gewähren. Besteht der Schaden in der Aufhebung oder Verminderung der Erwerbsfähigkeit oder in einer Vermehrung der Bedürfnisse oder in dem Verlust oder der Minderung eines Rechts auf Unterhalt, so ist die Entschädigung durch Entrichtung einer Geldrente zu gewähren. Statt der Rente kann eine Abfindung in Kapital verlangt werden, wenn ein wichtiger Grund vorliegt.

(3) Die Entschädigung ist nur gegen Abtretung der Ansprüche zu gewähren, die der oder dem Entschädigungsberechtigten aufgrund der Maßnahme, auf der die Entschädigung beruht, gegen Andere zustehen.

(4) Hat bei der Entstehung des Schadens ein Verschulden der betroffenen Person mitgewirkt, so ist das Mitverschulden zu berücksichtigen.

(5) Der Entschädigungsanspruch kann nur innerhalb eines Jahres geltend gemacht werden; die Frist beginnt, sobald die oder der Geschädigte von dem Schaden und dem entschädigungspflichtigen Träger der öffentlichen Verwaltung Kenntnis erlangt. Ohne Rücksicht auf diese Kenntnis kann der Anspruch nur innerhalb von dreißig Jahren seit der Entstehung

des Anspruchs geltend gemacht werden.

(6) Gesetze, die weitergehende Ersatzansprüche gewähren, bleiben unberührt.

§ 75 Entschädigungspflichtiger Rückgriff

(1) Entschädigungspflichtig ist der Träger der öffentlichen Verwaltung, in dessen Dienst diejenige oder derjenige steht, die oder der die Maßnahme getroffen hat.

(2) Hat die oder der Bedienstete für die Behörde eines anderen Trägers gehandelt, so ist letztgenannter entschädigungspflichtig. Ist in den Fällen des Satzes 1 eine Entschädigung nur wegen der Art und Weise der Durchführung der Maßnahme zu gewähren, so kann der entschädigungspflichtige Träger von dem Träger, in dessen Dienst die oder der Bedienstete steht, Ersatz seiner Aufwendungen verlangen, es sei denn, dass er selbst die Verantwortung für die Art und Weise der Durchführung trägt.

(3) In den Fällen des § 72 kann die oder der Entschädigungspflichtige in entsprechender Anwendung der Vorschriften des Bürgerlichen Gesetzbuches über die Geschäftsführung ohne Auftrag von den nach den §§ 68 bis 70 Verantwortlichen durch Verwaltungsakt Ersatz seiner Aufwendungen verlangen.

§ 76 Schadensersatzansprüche und Entschädigung aus der Verarbeitung von Daten

(1) Hat eine verantwortliche Stelle einer betroffenen Person durch eine Verarbeitung zu Zwecken der Richtlinie (EU) 2016/680 personenbezogener Daten, die nach diesem Gesetz oder nach anderen auf ihre Verarbeitung anwendbaren Vorschriften rechtswidrig war, einen Schaden zugefügt, ist sie oder ihr Rechtsträger der betroffenen Person zum Schadensersatz verpflichtet. Die Ersatzpflicht entfällt, soweit bei einer nicht automatisierten Verarbeitung der Schaden nicht auf ein Verschulden der verantwortlichen Stelle zurückzuführen ist.

(2) Wegen eines Schadens, der nicht Vermögensschaden ist, kann die betroffene Person eine angemessene Entschädigung in Geld verlangen.

(3) Lässt sich bei einer automatisierten Verarbeitung personenbezogener Daten nicht ermitteln, welche von mehreren beteiligten verantwortlichen Stellen den Schaden verursacht hat, so haftet jede verantwortliche

Stelle beziehungsweise ihr Rechtsträger.

(4) Mehrere Ersatzpflichtige haften als Gesamtschuldner.

(5) Hat bei der Entstehung des Schadens ein Verschulden der betroffenen Person mitgewirkt, ist § 254 des Bürgerlichen Gesetzbuches entsprechend anzuwenden.

(6) Auf die Verjährung finden die für unerlaubte Handlungen geltenden Verjährungsvorschriften des Bürgerlichen Gesetzbuches entsprechende Anwendung.

(7) Vorschriften, nach denen Ersatzpflichtige in weiterem Umfang als nach dieser Vorschrift haften oder nach denen andere für den Schaden verantwortlich sind, bleiben unberührt.

§ 77 Rechtsweg

Für Streitigkeiten über die in §§ 72 bis 74 und 76 bezeichneten Ansprüche ist der ordentliche Rechtsweg gegeben.

Abschnitt 7
Einschränkung von Grundrechten (§ 78)

§ 78 Einschränkung von Grundrechten

Für Maßnahmen, die nach den Vorschriften der Abschnitte 1 bis 6 getroffen werden können, werden das Recht auf körperliche Unversehrtheit (Artikel 2 Absatz 2 Satz 1 des Grundgesetzes), das Recht der Freiheit der Person (Artikel 2 Absatz 2 Satz 2 des Grundgesetzes), das Recht auf Versammlungsfreiheit (Artikel 8 Absatz 1 des Grundgesetzes), das Recht auf Wahrung des Fernmeldegeheimnisses (Artikel 10 Absatz 1 des Grundgesetzes), das Recht der Freizügigkeit (Artikel 11 des Grundgesetzes) und das Recht der Unverletzlichkeit der Wohnung (Artikel 13 des Grundgesetzes) eingeschränkt.

Abschnitt 8
Erzwingung von Handlungen, Duldungen oder Unterlassungen (§§ 79 - 113)

Unterabschnitt 1
Allgemeines Vollzugsverfahren (§§ 79 - 92)

§ 79 Grundsatz

(1) Verwaltungsakte, die auf Herausgabe einer Sache oder auf Vornahme einer Handlung oder auf Duldung oder Unterlassung gerichtet sind, werden im Wege des Verwaltungszwangs durchgesetzt (Vollzug).

(2) Für den Vollzug gelten die §§ 80 bis 99.

(3) Die §§ 80 bis 99 gelten auch für den Vollzug von Verwaltungsakten, die nicht der Gefahrenabwehr dienen und die von Behörden der in § 1 genannten Verwaltungsträger sowie der sonstigen der Aufsicht des Landes unterstehenden Körperschaften, Anstalten und Stiftungen des öffentlichen Rechts erlassen werden.

§ 80 Zulässigkeit des Vollzugs von Verwaltungsakten

(1) Der Vollzug von Verwaltungsakten ist zulässig, wenn

1. der Verwaltungsakt unanfechtbar ist oder
2. ein Rechtsbehelf keine aufschiebende Wirkung hat.

(2) Beim Vollzug eines Verwaltungsaktes im Wege der Ersatzvornahme (§ 89) oder der Anwendung unmittelbaren Zwangs (§ 90) kann von Absatz 1 abgewichen werden, wenn

1. auf andere Weise eine gegenwärtige Gefahr für die öffentliche Sicherheit oder Ordnung nicht abgewehrt werden kann oder
2. eine rechtswidrige Tat oder mit Geldbuße bedrohte Handlung anders nicht verhindert werden kann.

§ 81 Sofortiger Vollzug

(1) Der Verwaltungszwang ohne vorausgegangenen Verwaltungsakt (sofortiger Vollzug) ist im Wege der Ersatzvornahme oder des unmittelbaren Zwangs zulässig, wenn eine gegenwärtige Gefahr auf andere

Weise nicht abgewehrt werden kann und die Behörde hierbei innerhalb ihrer gesetzlichen Befugnisse handelt. Dies gilt insbesondere, wenn Maßnahmen gegen pflichtige Personen nicht oder nicht rechtzeitig möglich sind. Rechtsvorschriften, die die Voraussetzungen des sofortigen Vollzugs abweichend regeln, bleiben unberührt.

(2) Bei einer Ersatzvornahme sind die Verantwortlichen unverzüglich zu benachrichtigen.

(3) Für den sofortigen Vollzug gelten die nachfolgenden Vorschriften über den Vollzug von Verwaltungsakten entsprechend, soweit in ihnen nichts anderes bestimmt ist.

§ 82 Vollzugsbehörden

Der Verwaltungsakt wird von der Behörde vollzogen, die ihn erlassen hat; sie vollzieht auch die Widerspruchsentscheidungen.

§ 82a Vollzugshilfe

(1) Die Polizei leistet anderen Behörden im Einzelfall auf Ersuchen Vollzugshilfe, wenn unmittelbarer Zwang anzuwenden ist und die anderen Behörden nicht über die hierzu erforderlichen Dienstkräfte verfügen oder ihre Maßnahmen nicht auf andere Weise selbst durchsetzen können.

(2) Die Polizei ist nur für die Art und Weise der Durchführung verantwortlich. Im Übrigen gelten die Grundsätze der Amtshilfe entsprechend.

(3) Die Verpflichtung zur Amtshilfe bleibt unberührt.

§ 82b Verfahren

(1) Vollzugshilfeersuchen sind grundsätzlich schriftlich zu stellen; sie haben den Grund und die Rechtsgrundlage der Maßnahme anzugeben.

(2) In Eilfällen kann das Ersuchen formlos gestellt werden. Es ist jedoch auf Verlangen unverzüglich schriftlich zu bestätigen.

(3) Die ersuchende Behörde ist von der Ausführung des Ersuchens zu verständigen.

§ 82c Vollzugshilfe bei Freiheitsentziehung

(1) Hat das Vollzugshilfeersuchen eine Freiheitsentziehung zum Inhalt,

ist auch die richterliche Entscheidung über die Zulässigkeit der Freiheitsentziehung vorzulegen oder in dem Ersuchen zu bezeichnen.

(2) Ist eine vorherige richterliche Entscheidung nicht ergangen, hat die Polizei die festgehaltene Person zu entlassen, wenn die ersuchende Behörde diese nicht übernimmt oder die richterliche Entscheidung nicht unverzüglich nachträglich beantragt.

(3) § 56 gilt entsprechend.

§ 83 Pflichtige Person

(1) Als pflichtige Person kann in Anspruch genommen werden

1. diejenige, gegen die sich der Verwaltungsakt richtet,
2. ihr Rechtsnachfolger, soweit der Verwaltungsakt auch gegen ihn wirkt.

(2) Ist jemand nach diesem Gesetz oder nach anderen Rechtsvorschriften verpflichtet, den Vollzug zu dulden, so ist er pflichtige Person, soweit seine Duldungspflicht reicht.

§ 84 Vollzug gegen den Rechtsnachfolger

(1) Der Vollzug gegen den Rechtsnachfolger darf erst beginnen, nachdem er von dem Verwaltungsakt Kenntnis erhalten hat und darauf hingewiesen worden ist, dass der Vollzug gegen ihn durchgeführt werden kann. Von diesen Voraussetzungen kann in den Fällen des § 80 Absatz 2 abgesehen werden.

(2) Der Vollzug, der im Zeitpunkt des Eintritts der Rechtsnachfolge bereits begonnen hat, darf gegen den Rechtsnachfolger fortgesetzt werden. Dabei ist Absatz 1 zu beachten.

§ 85 Vollzug gegen Träger der öffentlichen Verwaltung

Gegen Träger der öffentlichen Verwaltung ist der Vollzug nur zulässig, soweit er durch Rechtsvorschrift ausdrücklich zugelassen ist.

§ 86 Zwangsmittel

(1) Zwangsmittel sind

1. das Zwangsgeld (§ 88),

2. die Ersatzvornahme (§ 89),

3. der unmittelbare Zwang (§ 90).

(2) Die Zwangsmittel können auch neben einer Strafe oder Geldbuße angewandt und solange wiederholt und gewechselt werden, bis der Verwaltungsakt befolgt worden oder auf andere Weise erledigt ist.

§ 87 Androhung von Zwangsmitteln

(1) Die Zwangsmittel müssen schriftlich angedroht werden. Beim Vorliegen der Voraussetzungen des § 80 Absatz 2 sowie des § 81 kann das Zwangsmittel mündlich angedroht werden oder die Androhung unterbleiben.

(2) In der Androhung ist eine Frist zu bestimmen, innerhalb der die Erfüllung der Verpflichtung der pflichtigen Person billigerweise zugemutet werden kann. Eine Frist braucht nicht bestimmt zu werden, wenn eine Duldung oder Unterlassung erzwungen werden soll.

(3) Die Androhung kann mit dem Verwaltungsakt, der vollzogen werden soll, verbunden werden. Sie soll mit ihm verbunden werden, wenn die sofortige Vollziehung angeordnet oder dem Rechtsbehelf keine aufschiebende Wirkung beigelegt ist (§ 80 Absatz 1 Nummer 2).

(4) Die Androhung muss sich auf bestimmte Zwangsmittel beziehen. Werden mehrere Zwangsmittel angedroht, ist anzugeben, in welcher Reihenfolge sie angewandt werden sollen. Unzulässig ist die Androhung, mit der sich die Vollzugsbehörde die Wahl zwischen den Zwangsmitteln vorbehält.

(5) Das Zwangsgeld ist in bestimmter Höhe anzudrohen.

(6) Im Falle der Ersatzvornahme (§ 89) ist in der Androhung der Kostenbetrag vorläufig zu veranschlagen. Das Recht auf Nachforderung bleibt unberührt.

§ 88 Zwangsgeld

(1) Das Zwangsgeld ist zulässig, wenn

1. die pflichtige Person angehalten werden soll, eine Handlung vorzunehmen, oder

2. die pflichtige Person ihrer Verpflichtung zuwiderhandelt, eine Handlung zu dulden oder zu unterlassen.

(2) Das Zwangsgeld ist schriftlich festzusetzen.

(3) Das Zwangsgeld beträgt mindestens 10 Euro, höchstens 50 000 Euro.

§ 89 Ersatzvornahme

(1) Wird eine Verpflichtung, eine Handlung vorzunehmen, deren Vornahme durch einen anderen möglich ist, nicht erfüllt, so kann die Vollzugsbehörde die Handlung auf Kosten der pflichtigen Person ausführen oder durch eine oder einen Beauftragten ausführen lassen (Ersatzvornahme).

(2) Die Vollzugsbehörde kann der pflichtigen Person auferlegen, die Kosten in der vorläufig veranschlagten Höhe vorauszuzahlen.

§ 90 Unmittelbarer Zwang

Führen die Ersatzvornahme oder das Zwangsgeld nicht zum Erfolg oder sind sie unzweckmäßig, so kann die Vollzugsbehörde mit unmittelbarem Zwang die Handlung selbst vornehmen oder die pflichtige Person zur Handlung, Duldung oder Unterlassung zwingen.

§ 91 Ersatzzwangshaft

(1) Ist das Zwangsgeld uneinbringlich, so kann das Verwaltungsgericht auf Antrag der Vollzugsbehörde die Ersatzzwangshaft anordnen, wenn bei Androhung des Zwangsgeldes hierauf hingewiesen worden ist. Die Ersatzzwangshaft beträgt mindestens einen Tag, höchstens zwei Wochen.

(2) Die Ersatzzwangshaft ist auf Antrag der Vollzugsbehörde von der Justizverwaltung nach den Bestimmungen der §§ 802g Absatz 1 Satz 2 und 3 sowie Absatz 2, 802h und 802i der Zivilprozessordnung zu vollstrecken.

§ 92 Einstellung des Vollzugs

(1) Der Vollzug ist einzustellen, wenn

1. der Verwaltungsakt aufgehoben worden ist,

2. die Vollziehung des Verwaltungsaktes ausgesetzt worden ist,
3. die aufschiebende Wirkung eines Rechtsbehelfs angeordnet oder wiederhergestellt worden ist,
4. der Zweck des Vollzuges erreicht ist oder
5. weitere Verstöße gegen eine Duldungs- oder Unterlassungspflicht nicht zu erwarten sind.

(2) Die Vollzugsbeamtinnen und Vollzugsbeamten (§ 103) sind nur dann verpflichtet, von weiteren Vollzugsmaßnahmen abzusehen, wenn ihnen Tatsachen nachgewiesen werden, aus denen sich die Pflicht zur Einstellung eindeutig ergibt.

Unterabschnitt 2 Vollzug von Verwaltungsakten, die auf Abgabe einer Erklärung gerichtet sind (§ 93)

§ 93 Abgabe einer Erklärung

(1) Ist jemand verpflichtet, eine bestimmte Erklärung abzugeben, so gilt diese Erklärung als abgegeben, sobald der Verwaltungsakt, der die Verpflichtung begründet hat, unanfechtbar geworden ist. Voraussetzung ist, dass

1. der Inhalt der Erklärung in dem Verwaltungsakt festgelegt worden ist,
2. die pflichtige Person auf diese Rechtsfolge hingewiesen worden ist und
3. sie in dem Zeitpunkt des Eintritts der Unanfechtbarkeit des Verwaltungsaktes diese Erklärung rechtswirksam abgeben kann.

(2) Die Behörde, die den Verwaltungsakt erlassen hat, teilt den Beteiligten mit, in welchem Zeitpunkt der Verwaltungsakt unanfechtbar geworden ist. Sie ist berechtigt, die zur Wirksamkeit der Erklärung erforderlichen Genehmigungen und Zustimmungen einzuholen und Anträge auf Eintragungen in öffentliche Bücher und Register zu stellen. § 792 der Zivilprozessordnung ist anzuwenden.

Unterabschnitt 3
Erweiterte Anwendung der Vollzugsvorschriften
(§§ 94 - 97)

§ 94 Anwendung der Vollzugsvorschriften aufgrund bundesrechtlicher Ermächtigungen

Die Vorschriften über die Erzwingung von Handlungen, Duldungen oder Unterlassungen gelten auch, soweit in Bundesgesetzen die Länder ermächtigt worden sind zu bestimmen, dass die landesrechtlichen Vorschriften über das Verwaltungszwangsverfahren anzuwenden sind oder an die Stelle von bundesrechtlichen Vorschriften treten können.

§ 95 Anwendung der Vollzugsvorschriften auf öffentlich-rechtliche Verträge

Auf öffentlich-rechtliche Verträge im Sinne des § 61 Absatz 1 des Landesverwaltungsverfahrensgesetzes sind die Vorschriften über die Erzwingung von Handlungen, Duldungen oder Unterlassungen entsprechend anzuwenden. Richtet sich die Vollstreckung wegen der Erzwingung einer Handlung, Duldung oder Unterlassung gegen einen Träger der öffentlichen Verwaltung, so ist § 172 der Verwaltungsgerichtsordnung entsprechend anzuwenden.

§ 96 Sonstige Anwendung der Vollzugsvorschriften

(1) Die Vorschriften über die Erzwingung von Handlungen, Duldungen oder Unterlassungen gelten entsprechend

1. für die Vollstreckung aus gerichtlichen Entscheidungen, die nach gesetzlicher Vorschrift von einer Verwaltungsbehörde zu vollziehen sind, und

2. wenn ein Gericht eine Vollstreckungsbehörde zur Ausführung einer Vollstreckung in Anspruch nimmt und die Vollstreckung nach landesrechtlichen Bestimmungen durchzuführen ist.

(2) In den Fällen des Absatzes 1 bedarf es einer Androhung der Zwangsmittel (§ 87) nicht.

§ 97 Maßnahmen gegen Tiere

Bei Maßnahmen gegen Tiere aufgrund der Vorschriften dieses Gesetzes sind die für Sachen geltenden Vorschriften entsprechend anzuwenden. Hierbei haben die Behörden die Verantwortung des Menschen für das Tier zu berücksichtigen.

Unterabschnitt 4
Einschränkung von Grundrechten und Rechtsbehelfe (§§ 98 - 100)

§ 98 Einschränkung von Grundrechten

Für Maßnahmen, die nach den Vorschriften der Unterabschnitte 1 bis 3 getroffen werden können, werden das Recht auf körperliche Unversehrtheit (Artikel 2 Absatz 2 Satz 1 des Grundgesetzes), das Recht der Freiheit der Person (Artikel 2 Absatz 2 Satz 2 des Grundgesetzes) und das Recht der Unverletzlichkeit der Wohnung (Artikel 13 des Grundgesetzes) eingeschränkt.

§ 99 Rechtsbehelfe

(1) Die Rechtsmittel und sonstigen Rechtsbehelfe gegen Vollzugsmaßnahmen richten sich, soweit durch Gesetz nicht ausdrücklich etwas anderes bestimmt ist, nach den Vorschriften über die allgemeine Verwaltungsgerichtsbarkeit. Sie haben keine aufschiebende Wirkung.

(2) Einwendungen gegen den dem Vollzug zugrundeliegenden Verwaltungsakt sind außerhalb des Vollzugsverfahrens mit den dafür zugelassenen Rechtsbehelfen zu verfolgen.

§ 100 (aufgehoben)

Unterabschnitt 5
Ausübung unmittelbaren Zwangs (§§ 101 - 113)

§ 101 Rechtliche Grundlagen

(1) Lassen Rechtsvorschriften die Anwendung unmittelbaren Zwangs zu, so gelten für die Art und Weise der Ausübung des unmittelbaren Zwangs die §§ 102 bis 112 und, soweit sich aus ihnen nichts Abweichendes ergibt, die übrigen Vorschriften dieses Gesetzes.

(2) Das Recht zur Verteidigung in den Fällen der Notwehr und des Notstandes bleibt unberührt.

§ 102 Begriffsbestimmung

(1) Unmittelbarer Zwang ist die Einwirkung auf Personen oder Sachen durch

1. körperliche Gewalt,
2. Hilfsmittel der körperlichen Gewalt,
3. Waffen.

(2) Körperliche Gewalt ist jede unmittelbare körperliche Einwirkung auf Personen oder Sachen.

(3) Hilfsmittel der körperlichen Gewalt sind insbesondere Fesseln, Wasserwerfer, technische Sperren, Diensthunde, Dienstpferde, Dienstfahrzeuge, Reizstoffe und Sprengmittel; Sprengmittel dürfen nicht gegen Personen angewandt werden.

(4) Als Waffen sind nur Schlagstöcke, Distanz-Elektroimpulsgeräte, Pistolen, Revolver, Gewehre und Maschinenpistolen zugelassen.

§ 103 Vollzugsbeamtinnen und Vollzugsbeamte

(1) Unmittelbarer Zwang darf nur durch Vollzugsbeamtinnen und Vollzugsbeamte ausgeübt werden.

(2) Vollzugsbeamtinnen und Vollzugsbeamte sind

1. Polizeivollzugsbeamtinnen und Polizeivollzugsbeamte und
2. andere Beamtinnen und Beamte und sonstige Bedienstete, die durch Rechtsverordnung der Landesregierung ermächtigt sind, unmittelbaren Zwang auszuüben.

(3) Vollzugsbeamtinnen und Vollzugsbeamte der Ämter und amtsfreien Gemeinden bedürfen der Bestätigung der Kreisordnungsbehörde.

§ 104 Handeln auf Anordnung

(1) Vollzugsbeamtinnen und Vollzugsbeamte sind verpflichtet, unmittelbaren Zwang anzuwenden, der im Vollzugsdienst von ihrer oder ihrem Vorgesetzten oder einer sonst dazu befugten Person angeordnet wird. Dies gilt nicht, wenn die Anordnung die Menschenwürde verletzt oder nicht zu dienstlichen Zwecken erteilt worden ist.

(2) Eine Anordnung darf nicht befolgt werden, wenn dadurch eine Straftat begangen würde. Befolgen Vollzugsbeamtinnen und Vollzugsbeamte die Anordnung trotzdem, so trifft sie eine Schuld nur, wenn sie erkennen oder wenn es nach den ihnen bekannten Umständen offensichtlich ist, dass dadurch eine Straftat begangen wird.

(3) Bedenken gegen die Rechtmäßigkeit der Anordnung haben Vollzugsbeamtinnen und Vollzugsbeamte der oder dem Anordnenden gegenüber vorzubringen, soweit das nach den Umständen möglich ist.

(4) § 36 Absatz 2 und 3 des Beamtenstatusgesetzes ist nicht anzuwenden.

§ 105 Hilfeleistung für Verletzte

Wird unmittelbarer Zwang angewendet, ist Verletzten, soweit es nötig ist und die Lage es zulässt, Beistand zu leisten und ärztliche Hilfe zu verschaffen.

§ 106 Fesselung von Personen

Eine Person, die nach diesem Gesetz oder anderen Gesetzen festgehalten wird, darf gefesselt werden,

1. wenn Tatsachen die Annahme rechtfertigen, dass sie
    a) andere Personen angreifen oder Sachen von nicht geringem Wert beschädigen wird,
    b) fliehen wird oder befreit werden soll oder
    c) sich töten oder erheblich verletzen wird, oder
2. wenn sie Widerstand leistet.

§ 107 Zum Gebrauch von Schusswaffen Berechtigte

Die Befugnis zum Gebrauch von Schusswaffen steht ausschließlich zu

1. den Polizeivollzugsbeamtinnen und Polizeivollzugsbeamten,
2. den Beamtinnen und Beamten sowie anderen Bediensteten der Landesforstverwaltung, die im Forst- und Jagdschutz verwendet werden, sowie bestätigten Jagdaufsehern (§ 25 Landesjagdgesetz), sofern sie Berufsjäger oder forstlich ausgebildet sind,

3. den Beamtinnen und Beamten sowie anderen Bediensteten der Gerichte und Behörden der Justizverwaltung, die mit Sicherungs- und Vollzugsaufgaben betraut sind, jedoch nicht den Gerichtsvollzieherinnen und Gerichtsvollziehern.

§ 108 Allgemeine Vorschriften für den Schusswaffengebrauch

(1) Schusswaffen dürfen nur gebraucht werden, wenn andere Maßnahmen des unmittelbaren Zwangs erfolglos angewendet worden sind oder offensichtlich keinen Erfolg versprechen.

(2) Der Schusswaffengebrauch ist unzulässig, wenn Unbeteiligte gefährdet werden. Dies gilt nicht, wenn der Schusswaffengebrauch das einzige Mittel zur Abwehr einer gegenwärtigen Lebensgefahr ist.

(3) Gegen Personen, die tatsächlich oder dem äußeren Eindruck nach noch nicht 14 Jahre alt sind, dürfen Schusswaffen nicht gebraucht werden. Das gilt nicht, wenn der Schusswaffengebrauch das einzige Mittel zur Abwehr einer gegenwärtigen Gefahr für Leib oder Leben ist.

§ 109 Schusswaffengebrauch gegen Personen

(1) Gegen Personen ist der Gebrauch von Schusswaffen nur zulässig, um diese angriffs- oder fluchtunfähig zu machen und soweit der Zweck nicht durch Schusswaffengebrauch gegen Sachen erreicht werden kann. Ein Schuss, der mit an Sicherheit grenzender Wahrscheinlichkeit tödlich wirken wird, ist durch Polizeivollzugsbeamtinnen und Polizeivollzugsbeamte nur zulässig, wenn er das einzige Mittel zur Abwehr einer gegenwärtigen Lebensgefahr oder der gegenwärtigen Gefahr einer schwerwiegenden Verletzung der körperlichen Unversehrtheit ist.

(2) Schusswaffen dürfen gegen Personen nur gebraucht werden,

1. um eine gegenwärtige Gefahr für Leib oder Leben abzuwehren,
2. um die unmittelbar bevorstehende Begehung oder Fortsetzung eines Verbrechens oder eines Vergehens unter Anwendung oder Mitführung von Schusswaffen oder Explosivmitteln zu verhindern,
3. um eine Person anzuhalten, die sich der Festnahme oder Identitätsfeststellung durch Flucht zu entziehen versucht, wenn sie

   a) eines Verbrechens dringend verdächtig ist oder

   b) eines Vergehens dringend verdächtig ist und Tatsachen die Annahme rechtfertigen, dass sie von einer Schusswaffe oder einem Explosivmittel Gebrauch machen werde,

4. zur Vereitelung der Flucht oder zur Ergreifung einer Person, die in amtlichem Gewahrsam zu halten oder ihm zuzuführen ist

   a) aufgrund richterlicher Entscheidung wegen eines Verbrechens oder aufgrund des dringenden Verdachts eines Verbrechens oder

   b) aufgrund richterlicher Entscheidung wegen eines Vergehens oder aufgrund des dringenden Verdachts eines Vergehens, sofern Tatsachen die Annahme rechtfertigen, dass sie von einer Schusswaffe oder einem Explosivmittel Gebrauch machen wird, oder

5. um die gewaltsame Befreiung einer Person aus amtlichem Gewahrsam zu verhindern.

(3) Schusswaffen dürfen nach Absatz 2 Nummer 4 nicht gebraucht werden, wenn es sich um den Vollzug eines Jugendarrestes oder eines Strafarrestes handelt oder wenn die Flucht aus einer offenen Anstalt verhindert werden soll.

§ 110 Schusswaffengebrauch gegen Personen in einer Menschenmenge

(1) Schusswaffen dürfen gegen Personen in einer Menschenmenge nur gebraucht werden, wenn von ihr oder aus ihr heraus schwerwiegende Gewalttaten begangen werden oder unmittelbar bevorstehen und andere Maßnahmen keinen Erfolg versprechen.

(2) Wer sich aus einer solchen Menschenmenge nach wiederholter Androhung des Schusswaffengebrauches nicht entfernt, obwohl ihm das möglich ist, ist nicht unbeteiligte Person im Sinne des § 108 Absatz 2.

§ 111 Warnung

(1) Bevor unmittelbarer Zwang gegen Personen angewendet wird, ist zu warnen. Von der Warnung kann abgesehen werden, wenn die Umstände

sie nicht zulassen, insbesondere wenn die sofortige Anwendung des Zwangsmittels zur Abwehr einer im einzelnen Falle bevorstehenden Gefahr notwendig ist. Als Warnung vor dem Schusswaffengebrauch gilt auch die Abgabe eines Warnschusses.

(2) Schusswaffen dürfen nur dann ohne Warnung gebraucht werden, wenn dies zur Abwehr einer gegenwärtigen Gefahr für Leib oder Leben erforderlich ist.

(3) Gegenüber einer Menschenmenge ist vor Anwendung unmittelbaren Zwangs möglichst so rechtzeitig zu warnen, dass sich Unbeteiligte noch entfernen können. Vor Gebrauch von Schusswaffen gegen Personen in einer Menschenmenge ist stets zu warnen; die Warnung ist vor dem Gebrauch zu wiederholen. Bei Gebrauch von technischen Sperren und Einsatz von Dienstpferden kann von der Warnung abgesehen werden.

§ 112 Verwaltungsvorschriften über die Anwendung unmittelbaren Zwangs

Die allgemeinen Verwaltungsvorschriften über die Anwendung unmittelbaren Zwangs erlässt das Ministerium für Inneres und Europa für seinen Geschäftsbereich; die anderen Ministerien erlassen sie für ihren Geschäftsbereich im Einvernehmen mit dem Ministerium für Inneres und Europa.

§ 113 Einschränkung von Grundrechten

Für Maßnahmen, die nach Vorschriften dieses Unterabschnitts getroffen werden, werden das Recht auf Leben und körperliche Unversehrtheit (Artikel 2 Absatz 2 Satz 1 des Grundgesetzes), das Recht der Freiheit der Person (Artikel 2 Absatz 2 Satz 2 des Grundgesetzes) und das Recht der Unverletzlichkeit der Wohnung (Artikel 13 des Grundgesetzes) eingeschränkt.

Abschnitt 9
Kosten (§ 114)

§ 114 Kosten, Ermächtigung zum Erlass von Rechtsverordnungen

(1) Für Amtshandlungen nach diesem Gesetz und den zur Durchführung dieses Gesetzes erlassenen Rechtsverordnungen werden Kosten

(Gebühren und Auslagen) erhoben.

(2) Die obersten Landesbehörden werden ermächtigt, jeweils für ihren Zuständigkeitsbereich durch Rechtsverordnung nach § 2 des Landesverwaltungskostengesetzes die einzelnen Amtshandlungen, für die die Verwaltungsgebühren erhoben werden, die Gebührensätze, die Entstehung der Gebührenschuld sowie Art und Umfang der zu erstattenden Auslagen zu bestimmen. Das Landesverwaltungskostengesetz findet Anwendung, soweit dieses Gesetz keine abweichenden Vorschriften enthält. Durch Rechtsverordnung kann von den §§ 10, 11 Absatz 1, 13 Absatz 1, 15 Absatz 1 und 2 sowie § 16 des Landesverwaltungskostengesetzes abgewichen werden.

(3) Die Kosten trägt die pflichtige Person, im Fall der unmittelbaren Ausführung einer Maßnahme (§ 70a) die oder der nach den §§ 69 oder 70 Verantwortliche.

Abschnitt 10
Schlussbestimmungen (§§ 115, 116)

§ 115 Ausnahme- und Übergangsvorschriften

(1) § 46g Absatz 1 und 2 gelten nicht, soweit eine Kennzeichnung tatsächlich nicht möglich ist oder solange eine Kennzeichnung nach dem Stand der Technik nicht möglich ist.

(2) Abweichend von § 46g Absatz 2 ist eine Weiterverarbeitung oder Übermittlung personenbezogener Daten auch zulässig nach den Bestimmungen der für die Daten am 4. Juni 2020 jeweils geltenden Verfahrensbeschreibung in der bis zum 4. Juni 2020 geltenden Fassung. Satz 1 gilt für personenbezogene Daten,

a) die mit Ablauf des 4. Juni 2020 keine Kennzeichnung nach § 46g Absatz 1 aufweisen,

b) die ab dem 5. Juni 2020 gespeichert werden, soweit eine Kennzeichnung tatsächlich nicht möglich ist oder solange eine Kennzeichnung nach dem Stand der Technik nicht möglich ist.

(3) Protokollierungen nach § 46e müssen bei vor dem 6. Mai 2016 eingerichteten, automatisierten Verfahren erst bis zum 6. Mai 2023 erfolgen, wenn andernfalls ein unverhältnismäßiger Aufwand entstünde.

Satz 1 gilt nicht für die Protokollierungen bei verdeckten und eingriffsintensiven Maßnahmen nach § 46f und bei der Übermittlung personenbezogener Daten an Drittstaaten und weitere zwischen- und überstaatliche Stellen nach den §§ 39d bis 39h sowie nach der Verordnung (EU) 2016/679. Die Anwendung von Satz 1 ist zu begründen, zu dokumentieren und dem Ministerium für Inneres und Europa mitzuteilen. Die oder der Landesbeauftragte für den Datenschutz ist über das betroffene automatisierte Verfahren und die Gründe für die Anwendung von Satz 1 zu unterrichten.

(4) Die Frist für Prüfungen der oder des Landesbeauftragten für den Datenschutz nach § 48b Absatz 6 beginnt erstmalig mit dem 1. Januar 2021.

(5) Das erste berichtspflichtige Kalenderjahr gemäß § 48h Absatz 1 Satz 2 ist das Jahr 2021. Bis zum 31. Dezember 2020 finden § 34 Absatz 7, auch in Verbindung mit § 34a Absatz 9 und § 34b Absatz 9 des Sicherheits- und Ordnungsgesetzes in der am 4. Juni 2020 geltenden Fassung Anwendung.

§ 116 Evaluierungspflicht

Die Landesregierung berichtet dem Landtag bis zum 31. Dezember 2024 über die erzielten Wirkungen der mit dem Inkrafttreten dieses Gesetzes am 5. Juni 2020 vorgenommenen Änderungen.

FSC
www.fsc.org
MIX
Papier | Fördert
gute Waldnutzung
FSC® C083411